36 Questions et Réponses au sujet de Jésus de Nazareth

36 Questions and Answers about Jesus of Nazareth

edited by Michael Smith

French Translation by Jean-Christophe Bouissou

Resource *Publications*

An imprint of *Wipf and Stock Publishers*
150 West Broadway • Eugene OR 97401

Resource *Publications*
an imprint of Wipf and Stock Publishers
150 West Broadway
Eugene, Oregon 97401

36 Questions and Answers About Jesus of Nazareth
By Smith, Michael
© Smith, Michael
ISBN: 1-57910-797-4
Publication date: October, 2001
Previously published by NPP, .

Table des matières

Table of Contents

36 Questions et Réponses au sujet de Jésus de Nazareth

PRÉFACE

Les questions suivantes furent posées lors de discussions sur l'Internet pendant le cours de l'année dernière. Les réponses ci-après furent offertes à ce moment-là ou spécialement écrites pour cette brochure. Chacun de ceux qui contribuèrent aux réponses (à la fois des Juifs Messianiques et des chrétiens) ont préféré être cités par la première et la dernière initiale de leur nom.

Bien sûr, l'on ne convertit personne à la vérité de Jésus; c'est le Saint-Esprit qui accomplit cela. Aucune mesure d'arguments "logiques" ou "d'analyses" ne suffit par elle-même pour aider une personne à appréhender la plénitude de la compréhension de la profondeur de la grâce divine. Notre tâche est plutôt de présenter Jésus qui promit qu'après avoir été élevé de la terre il attirerait tous les hommes à lui.

Personne n'a jamais été converti par un raisonnement

(Newman)

Chaque homme trouve dans ces promesses qui reposent au fond de leur propre cœur des bénédictions temporelles ou spirituelles... ceux qui recherchent des (choses temporelles) les trouvent véritablement, mais avec de nombreuses contradictions... et ils découvrent que le messie n'est pas venu pour eux. Tandis que ceux qui recherchent Dieu le trouvent, sans aucune contradiction, et ils découvrent qu'ils sont invités à aimer Dieu seul et qu'un messie est venu aux temps annoncés afin de leur apporter les bénédictions qu'ils réclament.

(Pascal, [1])

Me basant sur l'évidence, j'en conclus que Jésus est le Fils de Dieu, et que je suis chrétien. Quel est le raisonnement que j'utilise? C'est celui de la beauté suprême de l'idée que Dieu nous aima tellement qu'Il prit une forme humaine et mourut pour nous sauver. Cette idée est si merveilleusement belle que je ne puis la rejeter. Car, si je la rejette, je dis alors que Dieu est moins magnifique que l'idée que s'en font les chrétiens, et ce serait blasphémer puisque notre Dieu est suprêmement bon et magnifique.

(AP)

---

[1] Blaise Pascal, *Textes inédits*, 2ème partie, section XIX, 503, 675

3

1. L'Immaculée Conception n'est-elle pas une idée païenne?

En fait, le concept de l'Immaculée Conception n'est pas étranger au Judaïsme. Isaac lui-même fut conçu miraculeusement par une intervention divine dans le cycle normal de la nature, un choix spécial opéré par Dieu pour un but. Cela marqua le début du peuple Juif. Il n'est donc pas trop incohérent d'imaginer que si, après tout, un messie devait naître, il serait lui aussi distingué par une sorte de naissance extraordinaire. Il existe même ici un parallèle (involontaire.) Lorsque Sara demande (Genèse 18:13,14) si elle n'est pas trop vieille pour avoir un enfant, il lui est répondu que rien n'est étonnant de la part de l'Éternel. De même lorsque Miryam (Marie) demande comment elle peut avoir un enfant puisqu'elle est vierge, il lui est répondu simplement que rien n'est impossible à Dieu (Luc 1:37.)

Naturellement, pour ceux qui ne veulent pas accepter l'Immaculée Conception, il doit y avoir une autre explication et c'est là que l'idée du 'mamzer' (bâtard) intervient. L'alternative (à l'Immaculée Conception) fut proposée dès le début (voir Jean 8:19 et 8:41, par exemple les passages où Jésus est l'objet de railleries comme: 'Où est ton Père?' Et: 'Nous ne sommes pas des enfants illégitimes.') Ces dialogues démontrent que, même à cette époque-là, dès le début, la naissance de Jésus n'était pas acceptée comme 'normale.' Elle soulevait des questions – ce n'est donc pas une théorie qui fut présenté après coup, plusieurs siècles plus tard, sous l'influence païenne.

(RP)

2. Mais n'est-il pas vrai que de nombreuses cultures anciennes ont le concept d'un dieu-homme ou d'un fils des dieux (comme Alexandre le Grand par exemple ou Hercules)?

Ce concept EST assurément païen. Le christianisme n'a JAMAIS suggéré qu'une divinité ait eu des rapports sexuels avec Marie (une telle notion serait blasphématoire, même pour nous.) Il est seulement avancé que Dieu est intervenu pour marquer un enfant d'une manière spéciale en le faisant naître sans l'intervention d'un père humain. Jésus n'est pas le fils de Dieu dans un sens physique; il est le fils de Dieu de la même façon qu'un fils qui est né d'une façon naturelle ressemble à son père ou porte son image. (Jésus pleura-t-il? Alors nous

4

savons que Dieu pleure aussi. Jésus prenait-il soin des individus? Alors nous savons que Dieu prend soin des individus. 'Celui qui m'a vu a vu le Père.')

Les chrétiens croient également que Jésus a toujours existé (comme on l'avait annoncé – voir Michée 5:1 par exemple.) Pour eux, il n'a pas commencé à vivre à Bethléem.

De la même façon que l'Esprit de Dieu se mouvait au-dessus d'une terre informe et vide, lui impartissant la vie pendant la Création, de même il fut annoncé à Miryam que 'Le Saint-Esprit viendra sur toi, et la puissance du Très-Haut te couvrira' (Luc 1:35.)

(RP)

3. Nous autres les Juifs nous avons notre propre religion! Nous n'avons pas besoin de la votre!

Roman Brandstaetter (un poète polonais bien connu, aujourd'hui disparu, qui finit par croire en Jésus) dit un jour que se convertir n'est bon que pour les païens.' En tant que Juif, disait-il, il n'avait jamais été un païen et il n'avait donc jamais pris conscience d'avoir été 'converti' à quoi que ce soit (bien qu'il devînt membre de l'Eglise Catholique Romaine.) Une description plus appropriée du processus serait de dire que quelqu'un 'adopterait la plénitude du plan divin.' Un Juif qui reçoit son messie ne rejette pas la Torah, mais il croit qu'en suivant le messie il accomplit la plénitude et la signification ultime de l'intention divine pour laquelle la Torah fut donnée à Moïse. S'il en est ainsi, un Juif peut alors recevoir son messie sans perdre son identité juive. Ce faisant, il devient encore plus complètement Juif.

Mais supposons que nous partagions cette 'bonne nouvelle' au sujet de Jésus avec tout le monde EXCEPTÉ les Juifs. Ce serait faire preuve d'antisémitisme car nous leur refuserions quelque chose que nous croyons être bon – en fait le bien suprême – et cela simplement parce qu'ils sont Juifs.

Laissez-moi le dire ainsi: nous croyons que le messie est venu. Auriez-vous une bonne opinion de nous si nous vous le cachions? Si nous croyons qu'il est venu, notre devoir est d'en informer les autres. Imaginez qu'au jour du Jugement Dernier l'Éternel nous demande: "Alors vous pensiez que Mon messie était venu et vous ne vous êtes jamais mis en peine d'en parler à quiconque?" Non! Si nous croyons que le messie est venu, alors nous ne devons pas garder une nouvelle aussi importante pour nous seuls.

(AP)

4. Paul n'a-t-il pas inventé le christianisme?

Paul ne l'a pas plus inventé qu'Einstein aurait 'inventé' sa théorie de la relativité. Paul s'est contenté de fournir un cadre théorique pour vivre sous la Nouvelle Alliance. Jérémie écrivit que la Nouvelle Alliance ne serait 'pas comme' l'alliance conclue sur le mont Sinaï. Paul montra en quoi la Nouvelle Alliance différait de celle du Sinaï et la façon dont Dieu pouvait accomplir les termes de l'alliance de Sinaï et aussi en établir une nouvelle.

(BF)

5. Paul n'était-il pas un Juif qui se détestait lui-même et qui tourna le dos à son propre peuple pour aller avec les païens?

Paul lui-même déclara: *"J'éprouve une grande tristesse, et j'ai dans le cœur un chagrin continuel. Car je voudrais moi-même être anathème et séparé de Christ pour mes frères, mes parents selon la chair, qui sont Israélites, à qui appartiennent l'adoption, et la gloire, et les alliances, et la loi, et le culte (dans le Temple), et les promesses, et les patriarches, et de qui est issu, selon la chair, le Christ, qui est au-dessus de toutes choses, Dieu béni éternellement. Amen!... Frères (et sœurs), le vœu de mon cœur et ma prière à Dieu pour eux, c'est qu'ils soient sauvés. Je leur rends le témoignage qu'ils ont du zèle pour Dieu, mais sans intelligence: ne connaissant pas la justice de Dieu, et cherchant à établir leur propre justice, ils ne se sont pas soumis à la justice de Dieu."*

(Romains 9:2-5; 10:1-3)

(BF)

6. Paul ne voulait-il pas rejeter l'ensemble de la Torah?

Absolument pas. Paul s'attacha à montrer comment la Torah devrait être pratiquée sous la Nouvelle Alliance.

(BF)

7. Paul ne dit-il pas que la Torah nous conduit à pécher?

Non, il dit que la Torah est comme un maître d'école qui vous prend par la main et vous mène en toute sécurité là où vous devez aller. Elle est un guide, une protection, comme une clôture. Mais rester 'clôturé' dans la Torah ne mène pas en soi à la perfection – tout au plus à une forme de légalisme.

(RP)

Paul affirme catégoriquement que la Torah ne conduit pas à pécher. Ce que Paul dit, c'est que c'est à cause de la Torah que nous avons connaissance de la nature du péché. Il écrit:

Que dirons-nous donc? La loi est-elle péché? Loin de là!
Mais je n'ai connu le péché que par la loi.

(Romans 7:7)

S'il n'y a pas de loi, l'homme fera ce qui lui plait avec bonne conscience. Mais, devant la loi, la nature humaine se trouve en face des exigences d'un Dieu saint. Ce n'est pas la Torah qui conduit au péché, c'est la nature humaine qui est portée à pécher en réponse à la Torah.

C'est pourquoi Dieu dit qu'il ferait une nouvelle Alliance avec la maison d'Israël, qu'il remplacerait les cœurs de pierre par des cœurs de chair et qu'Il mettrait Son Esprit dans l'homme. C'est seulement de cette façon là – par un changement de notre nature – que nous pouvons véritablement vivre en accord avec la Torah.

(BF)

8. Paul n'était-il pas un homme sans éducation qui ne comprenait rien au Judaïsme?

Paul fut un étudiant de Gamaliel, lequel était le successeur (et le petit-fils) de Hillel. Certains ont mis cela en doute. Toutefois prenons connaissance des faits.

Par exemple, prenons en considération le fait que Paul déclare qu'il fut un étudiant de Gamaliel. C'était à Jérusalem. Avec quatre autres Juifs, Paul avait fait le serment des nazaréens. Il était dans le Temple lorsque d'autres coreligionnaires Juifs d'Asie Mineure (qui se trouvaient là pour la Pentecôte) le reconnurent - car il s'était rendu chez eux lors d'un voyage missionnaire. Ils commencèrent à raconter des mensonges à son sujet, jusqu'à ce que la foule en devienne hystérique. En particulier, il l'accusèrent faussement d'avoir introduit des Grecs dans le Temple, alors qu'ils auraient du rester dans la Cour des Païens. La foule s'emporta et molesta Paul. Les soldats romains durent rétablir l'ordre. Ils arrêtèrent Paul mais, avant d'être emmené, ce dernier demanda à s'adresser à la foule. On l'y autorisa.

A présent Paul commence à parler, EN HÉBREUX, à des JUIFS, dans le TEMPLE, A JÉRUSALEM, DANS LA RÉSIDENCE ET LE LIEU OU GAMALIEL EXERCE SES 'FONCTIONS OFFICIELLES.' Est-ce que cette assemblée de Juifs écoutant Paul présenter sa défense - et qui l'avaient battu jusqu'à l'arrivée des soldats - connaissaient Gamaliel? Pourrions nous penser raisonnablement que, a) quelques Juifs parmi la foule connaissaient Gamaliel personnellement? - b) que beaucoup, sinon tous, le connaissaient de réputation, et que - c) à cause de l'agitation certains membres du Sanhédrin, amis de Gamaliel, étaient venus voir ce qui se passait? En tenant compte du contexte, examinons la déclaration de Paul (Actes 22:3 et suiv.):

" Et Paul dit: je suis Juif, né à Tarse en Cilicie; mais j'ai été élevé dans cette ville-ci, et instruit aux pieds de Gamaliel dans la connaissance exacte de la loi de nos pères, étant plein de zèle pour Dieu, comme vous l'êtes tous aujourd'hui. J'ai persécuté à mort cette doctrine (c'est à dire les disciples de Jésus), liant et mettant en prison hommes et femmes. Le souverain sacrificateur et tout le collège des anciens m'en sont témoins."

A présent, posez-vous la question suivante: Paul aurait-il menti en prétendant être un étudiant de Gamaliel devant des personnes qui CONNAISSAIENT Gamaliel ou avaient entendu parler de lui, et l'aurait-il fait - littéralement - dans la propre arrière-cour de Gamaliel? Paul aurait-il fait appel au témoignage du Grand-prêtre et à ceux du Conseil du Sanhédrin afin de confirmer ses dires s'il mentait? Si ses déclarations publiques s'étaient avérées fausses il aurait pu être confondu sur-le-champ. S'il avait été pris en train de mentir aussi effrontément, en quoi cela aurait-il aidé sa situation, son argumentation ou sa réputation? En fait, le récit ne mentionne pas que quiconque l'ait accusé de mentir au sujet d'avoir été un étudiant de Gamaliel ou pour toute autre raison. Il EST écrit néanmoins que Paul fut l'objet de mensonges de la part de ses ennemis.

Dans Actes 26:4 nous lisons que Paul est amené devant le roi Agrippa avant d'être envoyé à César. Paul déclare:

Ma vie, dès les premiers temps de ma jeunesse, est connue de tous les Juifs, puisqu'elle s'est passée à Jérusalem, au milieu de ma nation. Ils savent depuis longtemps, s'ils veulent le déclarer, que j'ai vécu pharisien, selon la secte la plus rigide de notre religion.

Là encore nous voyons que Paul parle ouvertement de la façon dont il vécut et fut connu depuis son enfance. Il fait une nouvelle fois appel aux témoignages de ceux qui l'ont connu comme un Pharisien entièrement engagé envers la Loi. Cela impliquait que le public sache avec qui il avait étudié, la position qu'il occupait devant le Sanhédrin ainsi que ses anciens services en tant que persécuteur des disciples de Jésus. Une fois encore, il n'est pas mentionné que quiconque l'ait accusé de mentir sur ces points.

(SJ)

9. Sa conversion (c'est à dire sa vision) ne montre-t-elle pas que – comme beaucoup d'autres de son acabit – il était tous simplement mentalement instable?

Pouvez-vous imaginer ce que l'on aurait dit si Abraham avait confié à un psychiatre qu'il croyait que Dieu lui demandait de sacrifier son fils sur un autel? Ou si Moïse s'était plaint d'avoir entendu 'la voix de Dieu' l'appeler d'un buisson ardent? Il n'est pas inhabituel de voir Dieu parler aux hommes d'une manière inhabituelle. Ce qu'il faut remarquer, c'est la façon dont une telle expérience peut changer la vie de quelqu'un. Paul ne fut plus le même après sa vision; de persécuteur il devint un persécuté. Et il continua à se comporter ainsi pour le reste de son existence. Cela est important

(RP)

La conversion de Paul n'est pas différente de celles d'autres personnes qui son 'nées de nouveau' par leur foi dans le messie Jésus. Dieu pratique une chirurgie radicale sur ceux qui croient – ils reçoivent un nouveau cœur et un nouvel esprit – et si l'on appelle cela une instabilité mentale je dis Alléluia!

(BF)

10. Si Jésus était le messie, pourquoi ne fut-il pas accepté par les gens de son époque? Pourquoi le Sanhédrin ne l'accepta-t-il pas? Quelques-uns uns de plus grands savants de la Torah vivaient à son époque et ils ne l'acceptèrent pas.

Il fut accepté par beaucoup de personnes de son époque — même par quelques-uns uns des plus grands Juifs de son temps.

(JI)

Quelques membres du Sanhédrin (peut-être Joseph d'Arimathée, Nicodème et Paul, en supposant que ce dernier en fut membre) semblent l'avoir accueilli favorablement. Mais quand a-t-on vu une majorité du peuple d'Israël se rallier majoritairement à quoi que ce soit? A l'époque d'Élie il n'y avait plus que 7000 fidèles n'est-ce pas? Pensez-vous que CEUX-LÀ n'étaient pas rejetés et considérés comme 'ne faisant pas partie d'Israël' parce qu'ils constituaient une si petite minorité? Pourtant ils avaient raison. Un faible reste de fidèles a toujours été cela – c'est pour cela qu'on les appelle un 'reste.'

De plus, quelques-uns uns des plus grands savants de la Torah à cette époque-là acceptèrent un faux prophète, Bar Kochba, comme le messie. La conséquence en fut la destruction d'Israël. Donc, nous pouvons assumer que l'opinion de quelqu'un, même s'il s'agit de celle d'un grand savant de la Torah peut être erronée, n'est-ce pas?

(RP)

11. Croyez-vous en trois dieux?

Il n'y a qu'un seul Dieu et lui seul. Ce Dieu a une forme d'existence qu'il nous est difficile de comprendre. Que tous les efforts humains pour expliquer cette existence soient inadéquats ne change rien au fait qu'il n'y a qu'un seul Dieu.

(BF)

Esaïe vit Dieu (Esaïe 6) 'assis sur un trône' et les pans de sa robe remplissant le Temple. Cette apparition est décrite comme celle d'un 'Roi', -- l'Éternel des Armées, qu'Esaïe écrit avoir vu de ses propres yeux (verset 5.) Croyez-vous que cette apparition, assise sur un trône, représentait la totalité de ce qu'est Dieu?

Ainsi, Dieu peut se manifester par son Esprit (dont il est fait mention de nombreuses fois dans les Saintes Écritures) ou en paraissant sous une forme humaine sans pour cela en être complètement appréhendé – quelle que soit la forme qu'il choisisse de prendre. Restant monothéistes nous dirons donc qu'il y a un Dieu qui se révèle en trois Personnes et NON trois dieux.

(RP)

12. Alors, pourquoi Jésus dit-il, 'Mon Dieu, Mon Dieu, pourquoi m'as-tu abandonné?' s'il ne faisait qu'un avec Dieu?

Il citait le Psaume 22, celui qui commence en exprimant un total désarroi puis se termine par la victoire de Dieu.

En mourant, ne prononçait-il pas ces paroles pour notre bénéfice?

(BF)

Dans le livre de la Genèse, au chapitre 19, verset 24, l'Éternel fait pleuvoir du ciel sur Sodome du feu 'de par l'Éternel' -- par conséquent s'Il peut être en deux endroits à la fois, sur terre et également au ciel, Il pouvait aussi être sur la croix et au ciel.

(RP)

13. Mais ne dites-vous pas également que Jésus était un homme? Dans Nombres 23:19 il est écrit que 'Dieu n'est point un homme.'

Il y a lieu de finir le verset. 'Dieu n'est point un homme pour mentir...' Il ne dit pas, ni ne suggère que Dieu ne puisse devenir un homme.

(BF)

11

14. Jésus ne voulait-il pas abolir la Torah, la considérant comme dépassée pour la remplacer avec quelque chose d'autre?

Jésus est venu pour accomplir la loi, pour l'amener à la perfection et non pour l'abolir. En d'autres termes, il n'est pas suffisant de se retenir de commettre un meurtre car l'on peut 'assassiner' quelqu'un dans son cœur et c'est pour cela que, de plus, il ne faut pas haïr. Il ne suffit pas de ne pas commettre l'adultère car si vous avez des désirs de luxure vous pouvez également commettre un adultère dans votre cœur. Autrement dit tous les commandements de la Torah doivent être fondés sur l'amour; d'abord l'amour de l'Éternel et ensuite celui de notre prochain. Une personne qui aime de cette façon-là remplira d'une manière naturelle toutes les obligations de la Torah et n'aura pas besoin d'être contrôlée par un quelconque système de réglementations. Elle ne pensera pas non plus que l'obéissance aveugle à une série de règlements, sans parler d'amour, constitue une 'obéissance' adéquate, agréable à l'Éternel.

(RP)

Lorsque l'on demanda à Jésus quels sont les deux plus grands commandements de la Loi, il répondit: 'Tu aimeras le Seigneur, ton Dieu, de tout ton cœur, de toute ton âme, et de toute ta pensée. C'est le premier et le plus grand commandement. Et voici le second, qui lui est semblable: Tu aimeras ton prochain comme toi-même.'

Ce sont les paroles d'une personne qui observe la Torah n'est-ce pas?

(JI)

15. L'élément central du christianisme n'est-il pas un sacrifice humain (la mort de Jésus)?

La mort de Jésus fut une substitution: l'agneau parfait offert à la place du coupable. Ce fut aussi un sacrifice d'abnégation. "Je donne ma vie pour mes brebis... Personne ne me l'ôte, mais je la donne de moi-même" (Jean 10:15,18.) "Il n'y a pas de plus grand amour que de donner sa vie pour ses amis" (Jean 15:13.)

"Nous avons connu l amour, en ce qu'il (Jésus le Messie) a donné sa vie pour nous; nous aussi, nous devons donner notre vie pour les frères." (1 Jean 3:16)

(RP)

En bref, il y a une énorme différence entre jeter un homme sur une grenade afin qu'il en subisse l'explosion à votre place et un homme qui se jette lui-même sur cette grenade pour vous protéger de ses éclats tandis qu'il en subira toutes les conséquences. Dieu interdit le premier comportement. Le Messie accomplit le deuxième.

Il est également bien établi que des soldats ont offert leur vie volontairement et joyeusement afin que leurs camarades soient sauvés. Êtes-vous en train de dire que le judaïsme est en désaccord avec cela?

(BF)

16. Pourtant la notion de "salut" n'est qu'une doctrine chrétienne, n'est-ce pas? Ce n'est pas une idée Juive.

Le salut n'est pas une idée Juive? Je suppose qu'il faudra que j'enlève tous ces passages (et bien d'autres) des Saintes Écritures:

L'Éternel est ma lumière et mon salut: De qui aurais-je crainte? L'Éternel est le soutien de ma vie: De qui aurais-je peur? (Psaumes 27:1)

Vive l'Éternel, et béni soit mon rocher! Que Dieu, le rocher de mon salut, soit exalté. (2 Samuel 22:47)

Chantez à l'Éternel, vous tous habitants de la terre! Annoncez de jour en jour son salut. (1 Chroniques 16:23)

Notre Dieu est un Dieu de salut; et c'est à l'Éternel, le Seigneur, de faire sortir de la mort. (Psaumes 68:20, version Darby)

Alors, expliquez-moi: en quoi l'idée juive du salut diffère de celle des chrétiens?

(BF)

17. Oui, mais de quoi sommes nous sauvés?

De la mort.

(BF)

18. Mais pourquoi avons-nous besoin de ce "salut?"

Parce que nous ne pouvons pas nous sauver nous-mêmes.

(BF)

19. Personne ne peut mourir pour les péchés d'une autre personne!

Ézéchiel prend note de ce point précis. Chacun meurt pour ses propres péchés. Aucun être humain ne pourrait souffrir à la place d'un autre; c'est la raison pour laquelle nous avons besoin d'un messie qui soit plus qu'un simple être humain. Pourtant l'idée d'un sacrifice de substitution se retrouve partout dans le judaïsme. Elle apparaît avec Abraham et Isaac, le bouc émissaire choisi le jour de l'Expiation, l'ensemble du système du Temple et ainsi de suite. En fait, tous ces moyens sont des symboles ou des prémices de ce qui doit arriver. Comme il est écrit dans le Exodus Rabbati, Terumah[2], 35:4:

Si un jour Israël méritait d'être détruit, alors le Temple serait son gage envers Dieu. Moïse dit alors à Dieu, 'Mais s'il arrive un jour où il n'y aura plus de Temple ou de Tabernacle? Quel gage présenteront-ils alors?' Et l'Éternel répondit: "Je choisirai un homme juste parmi eux, et il me servira de gage, et je ferai l'expiation pour eux de tous leurs péchés.

Et en un mot, c'est cela le christianisme.

(RP)

20. Mais où, dans le judaïsme, trouvez-vous la nécessité d'un médiateur entre Dieu et l'homme?

Notre histoire juive est pleine de médiateurs – le peuple implora Moïse pour qu'il monte (sur la montagne) afin de parler pour eux – et il le fit (il reçut les dix

---

[2] Le grand chapitre sur l'Exode

commandements.) Est-ce que cela ne ressemble pas au rôle d'un médiateur? Et que dire des Grand-prêtres qui allaient dans le Temple pour faire des sacrifices pour le peuple? Eux aussi étaient des médiateurs.

(JI)

En fait, les offrandes faites en commun dans le Temple pour l'expiation des péchés prouvent qu'un médiateur est nécessaire. Le Grand-Prêtre faisait d'abord une expiation pour lui-même (le médiateur ne doit pas participer au péché commun), il procédait ensuite à l'expiation pour l'ensemble du peuple.

Si une repentance individuelle et un rachat personnel suffisaient, alors pourquoi Dieu ne traita-t-il pas avec chaque individu d'Israël au Sinaï? Pourquoi Moïse dut-il intervenir? Pourquoi Moïse ne s'est-il pas contenté de déclarer: "D'accord Dieu, Tu pardonneras à ceux qui se repentent. Quant à ceux qui ne se repentent pas, tu les anéantiras."

Pourquoi la médiation de Moïse fut-elle nécessaire alors? Pourquoi un médiateur est-il nécessaire aujourd'hui?

(BF)

21. Tout ce qui est nécessaire pour être pardonné est de se repentir et d'obéir à la Torah.

S'il en est ainsi, alors pourquoi Dieu demande-t-il également des sacrifices? Pourquoi ne se contente-t-il pas de quelques prières prononcées à l'occasion? Pourquoi Moïse n'a-t-il pas simplement demandé au peuple de se repentir et d'entrer dans la terre promise? Pourquoi ne fut-il pas permis à Acan de se repentir? Pourquoi Israël a-t-il souffert l'exil?

C'est parce que Dieu demande la perfection que des recours contre le péché furent inclus dans la loi. Si Dieu ne se souciait pas d'obtenir la perfection, Il n'aurait pas ajouté ces provisions.

Mais Dieu doit solder les registres. Votre pardon doit être rétribué.

(BF)

Savez-vous mieux obéir et vous repentir que ceux qui vous ont précédé? Le faites-vous mieux que les générations qui avaient le Temple et les sacrifices? Parce que, lorsqu'ILS vivaient, ils devaient offrir des sacrifices (nous parlons ici de personnes comme Samuel, David, Ézéchias, Élie, Josué, Joël, etc., avec Hillel, les Maccabées, et ainsi de suite.) Il est vrai que David écrivit (Psaumes 51:17) que 'Les sacrifices qui sont agréables à Dieu, c'est un esprit brisé... un cœur brisé et contrit.' Mais ENSUITE il continue en disant qu'après que sont esprit aura été brisé, 'Alors tu agréeras des sacrifices de justice, Des holocaustes et des victimes tout entières; Alors on offrira des taureaux sur ton autel (Psaumes 51:19.) Le sens de ces passages est que les sacrifices qui ne sont pas faits dans un esprit de justice ne seront pas acceptés. De plus, David désirait bâtir un temple à l'Éternel. Il n'aurait pas eu de tels projets s'il n'avait pas cru que les sacrifices aussi étaient nécessaires.

Bien sûr, nos oeuvres jouent aussi un rôle. Les personnes recevront ou non une récompense sur la base de ce qu'elles auront fait. Mais quelqu'un peut-il être 'assez bon' pour mériter de revenir vivre dans Eden (le Paradis)? Dieu est parfait et saint; nous ne pouvons vivre en sa présence à moins que, nous aussi, nous soyons purifiés et sans tâches. C'est donc pour CETTE purification - pour atteindre la perfection - pour nous nettoyer encore, complètement, que nous avons besoin des sacrifices ou de ce qu'ils représentent.

(RP)

22. Les Juifs ne croient pas au 'péché originel.'

C'est vrai, mais ils croient que tout le monde transgresse ou a transgressé. On s'en rapproche. Également, ils croient que chacun lutte contre une 'mauvaise tendance,' ou une inclinaison à faire le mal; encore une fois cela ressemble beaucoup 'au péché originel.'

(RP)

Dites-nous de qui l'on parle dans le Psaume 14:3: 'Il n'en est aucun qui fasse le bien, Pas même un seul.' Dites-nous encore de qui parle Esaïe lorsqu'il écrit que, 'Nous étions tous errants comme des brebis, Chacun suivait sa propre voie...' (Esaïe 53:6)

Si le judaïsme moderne professait que tout le monde a péché, alors tous les efforts (des Juifs) pour revendiquer leur justice par leur obéissance, et toute leur application pour accomplir cela par leurs propres efforts devrait se révéler futile car ils ne pourraient plus compter sur eux-mêmes.

(BF)

Nous ne sommes plus dans le Jardin d'Eden, n'est-ce pas? Et n'est-il pas vrai qu'à présent il y a la mort? Donc, Adam a du faire quelque chose (de mal.) Même des nourrissons qui n'ont jamais volontairement péché meurent; ils ont donc du hériter cela d'Adam, ce n'est pas quelque chose qu'ils subissent à cause de leurs propres actes.

(BF)

Si nous ne pouvions pas observer cette SEULE règle dans le Jardin d'Eden (ne pas manger du fruit de l'arbre), qui vous fait croire que nous pouvons observer 613 règles MAINTENANT? Et si notre désobéissance à cette SEULE règle entraîna notre renvoi de la présence de Dieu, qui vous fait croire que la désobéissance à de NOMBREUSES règles parmi les 613, de NOMBREUSES fois, ne continuera pas à nous empêcher de retourner vivre en sa présence?

Quel homme juste (tzaddik) parvint-il un jour à être TELLEMENT saint par son obéissance aux règles que Dieu finalement déclara que: 'Cela suffit,' et lui permit de retourner au Jardin d'Eden?

(RP)

23. Désolé, mais en quoi être 'né de nouveau' cadre-t-il dans l'ordre des choses des Juifs?

Pourtant, avoir un 'cœur nouveau' n'est-il pas pour vous une obligation majeure?

Vous circoncirez donc votre cœur, et vous ne roidirez plus votre cou. (Deutéronome 10:16.)

Circoncisez-vous pour l'Éternel, circoncisez vos cœurs, Hommes de Juda et habitants de Jérusalem (Jérémie 4:4.)

Rejetez loin de vous toutes les transgressions par lesquelles vous avez péché; faites-vous un cœur nouveau et un esprit nouveau. Pourquoi mourriez-vous, maison d'Israël? (Ézékiel 18:31.)

O Dieu! crée en moi un cœur pur, Renouvelle en moi un esprit bien disposé (Psaumes 51:10.)

Le salut n'est pas basé sur nos accomplissements; dans ce cas nos accomplissements ne feraient que révéler notre situation désespérée. Le salut se rapporte à notre besoin d'être pansés, apaisés et guéris.

Allez-vous continuer à vous coller de petits pansements adhésifs ou bien irez-vous voir le grand Médecin qui peut guérir les malades?

(BF)

24. Si Jésus était vraiment le messie, pourquoi la paix ne règne-t-elle pas encore? Où voyez-vous le lion habiter avec l'agneau?

Nous savons que le Messie rassemblera la nation d'Israël des quatre coins du monde. Nous savons aussi que les païens se joindront à Israël et adoreront le Dieu d'Abraham, d'Isaac et de Jacob; car Esaïe a écrit: 'Ma Maison sera appelée une Maison de Prière pour tous les peuples.' (Esaïe 56:7)

Mais au milieu de cela nous voyons que tout le monde n'adore pas Dieu et que des préparations de guerre seront faites. Ézékiel écrivit qu'il y aurait une époque où Israël connaîtrait la paix et la sécurité dans des villages sans murailles, sans verrous ni portes (Ézékiel 38.) Il écrivit aussi que dans les 'derniers jours' les armées du nord descendraient sur Israël et seraient anéanties par l'Éternel.

Force est donc de constater que l'attente d'une paix universelle qui serait apportée par le Messie contredit les prophéties des Saintes Écritures. La paix universelle ne sera pas établie avant cette "dernière bataille" et lorsque Dieu fera de nouveaux cieux et une nouvelle terre.

(BF)

. . . Si le Messie devait accomplir tout cela automatiquement, en l'imposant à l'humanité, alors les hommes cesseraient d'être libres ou même d'être humains. Ils deviendraient comme des marionnettes que l'on ferait danser ou qu'on laisserait dans un coin, désarticulées. Le messie nous 'forcera-t-il' à être bon? Si chacun d'entre nous devait terminer ainsi, comme une marionnette, alors l'histoire des Juifs (et celle de tous les hommes) deviendrait incompréhensible et dépourvue de sens. Bien au contraire, Jésus usa de termes comme 'levain' et 'graine' pour expliquer de quelle façon le royaume de Dieu viendra, en se propageant lentement dans le reste de la société et en la transformant.

(RP)

25. Mais il n'existe aucune place dans le judaïsme pour un Dieu qui prendrait une forme humaine!

Au Sinaï, tout le peuple entendit la *voix* de Dieu. Pour communiquer avec nous, Dieu assume une caractéristique humaine, cela revient au même que de devenir complètement humain. (Certains diront que ce n'est pas attribuer une caractéristique anthropomorphique à l'Éternel que de dire qu'il aurait parlé avec une voix, car une 'voix' - c'est à dire des ondes sonores - ne fait qu'émaner d'un Être, sans pour cela vraiment Le décrire ou Le représenter. Toutefois la lumière (ou photons) est aussi une 'émanation,' et si c'est le cas, une 'vision' de l'Éternel ne serait pas non plus anthropomorphique.) Il est certain que Dieu PEUT se manifeste sous cette forme, si tel est Son désir. Sûrement, personne ne pourrait prétendre que cela serait au-delà de Son pouvoir?

(RP)

26. Le Nouveau Testament n'est-il pas antisémite? Jésus y condamne les Juifs et les appelle 'fils du diable'!

Jésus déclare à certains de ses opposants (en fait, certaines personnes qui conspirent pour l'assassiner) 'vous avez pour père le diable' (Jean 8:44) Ce n'est en rien une condamnation de TOUS les Juifs - en fait, il est clair qu'il les considère comme 'non-Juifs.' Traiter quelqu'un de 'non-Juif' - c'est à dire l'accuser de ne pas se comporter comme un fils d'Abraham, mais plutôt comme un fils du diable - ne constitue en rien une critique du fait qu'il soit Juif. Jésus n'est pas le seul ayant usé de cette critique. Dosa ben Harkinas parlait de son propre frère comme étant le 'premier-né de Satan' pour s'être allié avec Bet Shammai lors d'une dispute avec Bet Hillel (Yevamot 16a.) Jean-Baptiste traite ceux qui s'opposent à lui de 'races de vipères' (Matthieu 3:7.) En Hébreux cela pourrait être équivalent à: 'fils du Serpent' (c'est à dire du diable.) Une expression comparable - 'créatures du Serpent' - se retrouve dans les Cantiques d'Actions de Grâce de Qumran IQH3: 17. Dans Esaïe 1:4, Israël est appelé 'une nation pécheresse, un peuple chargé d'iniquités.' De telles façons de s'exprimer sont donc tout à fait conformes au contexte de cette époque-là.

(RP)

27. Les évangiles n'essayent-ils pas de blâmer les Juifs pour la mort de Jésus?

'Ils le condamneront à mort, et ils le livreront aux païens, pour qu'ils se moquent de lui, le battent de verges, et le crucifient.' (Matthieu 20:18,19)
(Iici, il semble que ce soit les païens qui crucifient)

'Ils le condamneront à mort, et ils le livreront aux païens, qui se moqueront de lui, cracheront sur lui, le battront de verges, et le feront mourir' (Marc 10:33-34.)
(Encore une fois, il semble que ce sont les païens qui soient à l'œuvre.)

'Car il sera livré aux païens; on se moquera de lui, on l'outragera, on crachera sur lui, et, après l'avoir battu de verges, on le fera mourir' (Luc 18:32.)
(Encore les païens)

(RP)

Est-ce la raison pour laquelle (Jésus) dit: 'Père, pardonne-leur car il ne savent pas ce qu'ils font?' En fait, il n'y a pas d'invectives dans le Nouveau Testament. Il n'y a pas d'adjectifs – il n'y a pas de 'cruel, mauvais Caïphe,' ni de 'furtif, malin Anne', ni de 'lâche Pilate.' Le Nouveau Testament se contente de raconter simplement ce que chacun a fait. Si les auteurs du Nouveau Testament l'avaient vraiment voulu, ils auraient été à même 'd'exagérer' les choses et de noircir certains individus.

(RP)

28. Les évangiles n'assument-ils pas faussement que les dirigeants Juifs avaient le pouvoir de menacer Pilate?

En d'autres occasions, pendant sa carrière, Pilate essaya d'exposer publiquement des effigies de l'Empereur à l'intérieur de Jérusalem. Les protestations massives de la foule contrarièrent l'une de ces tentatives (Voir dans Flavius Josèphe, 'Antiquités', XVIII, 3.1.) Une autre tentative avorta lorsqu'une délégation rendit visite à Pilate.. Comme Philo le raconte (dans sa 'Lettre à Caïus'):

Pilate, qui était d'une nature entêtée et cruelle, refusa obstinément; alors ils (les délégués) s'écrièrent: 'Ne déclenche pas une révolte! Ne soit pas la cause d'une guerre! Ne trouble pas la paix! Ce n'est pas en insultant nos traditions que l'on honorera l'Empereur. Ne te sers pas de Tibère comme d'un prétexte pour insulter notre nation! Il ne désire pas que nos traditions soient bafouées. Si tu prétends le contraire, alors montre-nous une lettre, un message ou quelque chose d'autre venant de lui et nous arrêterons de t'indisposer et de faire appel devant lui en lui envoyant une délégation.' C'est cette dernière remarque qui contraria le plus Pilate, car il avait peur qu'ils envoient réellement une délégation. Les délégués pourraient alors porter des accusations contre le reste de sa gestion – ne manquant pas de signaler en détails les pots de vin qu'il recevait, ses insultes, les blessures qu'il infligeait au hasard, ses fréquentes exécutions sommaires de prisonniers qui n'avaient pas été jugés et ses innombrables actes barbares. Mais, puisqu'il était si vindicatif et malveillant, il ne pouvait se décider à agir. Il ne voulait pas qu'on le soupçonne d'essayer de plaire aux délégués; mais en même temps il avait peur de faire enlever les écussons portant l'effigie de l'Empereur... Toutefois, il savait aussi quelle était la politique de Tibère en regard de telles matières. Lorsque les délégués virent que Pilate regrettait ce qu'il avait fait (faire installer les écussons avec les portraits de l'Empereur dans Jérusalem) – bien qu'il ne veuille pas le montrer – ils écrivirent des lettres à Tibère, présentant leur cas aussi fortement qu'ils le pouvaient. Après que Tibère les eut lues, il fallait l'entendre jurer et proférer des menaces contre Pilate. Il est possible de dire comment il réagit en voyant ce qu'il fit ensuite – parce qu'il n'attendit pas le matin suivant pour y répondre mais il écrivit directement à Pilate, lui faisant de nombreux reproches et critiques à cause de son audace et lui intimant l'ordre d'enlever immédiatement les écussons.

La menace de faire encore appel ou de se plaindre à Rome devait donc être un souci majeur de Pilate.

(RP)

29. Mais toute cette histoire avec Barrabas n'est-elle pas qu'une fiction? Il n'y a aucune preuve que les gouverneurs romains relâchassent des prisonniers pendant les fêtes de Pâques!

Flavius Josèphe écrit au sujet d'un incident qui semble similaire. Une bande d'Assassins avait kidnappé un scribe qui appartenait à l'escorte du Grand-Prêtre et ils le retenaient en otage. Cela se produisit JUSTE AVANT LA FÊTE. Ils en informèrent ensuite le Grand-Prêtre et lui demandèrent d'essayer de persuader le gouverneur de relâcher dix membres de leur bande qu'il gardait prisonniers. Le gouverneur Albinus, accepta le marché et les prisonniers furent relâchés. (Flavius Josèphe, 'Antiquités,' XX9 3.)

Bien sûr, cela n'indique pas nécessairement qu'il y ait eu une coutume régulière (pour relâcher un prisonnier) pendant une fête, mais ce récit le suggère.

De même, dans la Mishna (Pes. 8.6) il est mentionné que les préparatifs pour la fête de Pâques peuvent être faits pour quelqu'un 'qu'ils ont promis de libérer se sa prison,' et qui ne peut donc faire lui-même ces préparatifs. Quelques érudits pensent que cela présuppose une sorte d'amnistie régulière pour la fête de Pâques. Ainsi, bien qu'il n'existe pas de preuve que cette coutume ait existé, il ne peut non plus être affirmé qu'elle 'ne pouvait avoir' existé ou 'n'existait' ou que la libération d'un prisonnier par le gouverneur romain pendant une période de fêtes n'avait jamais lieu.

Enfin l'on peut se demander pourquoi l'auteur de l'Évangile, s'il n'existait pas une telle coutume, l'aurait mentionnée, d'autant plus qu'il aurait pu être facilement contredit par n'importe quelle personne qui avait vécu à cette époque là et qui aurait pu simplement réfuter son allégation.

(RP)

30. Et que dire de: 'Que son sang retombe sur nous et sur nos enfants?'

Juste avant cela, Pilate se lave les mains. Apparemment il imite une coutume juive (Deutéronome 21:6-8) par laquelle les anciens d'une ville se déclarent eux-mêmes innocents d'un meurtre. Après cela, ils prient, '... n'impute pas le sang innocent à ton peuple.' La foule, qui était familière avec cette pratique, qui connaissait la réponse habituelle et qui avait été amenée à un point de délire frénétique s'écria, comme une populace peut le faire, contrairement aux anciens, 'oui, c'est nous qui sommes les coupables; que son sang retombe sur nous!' Ils n'ont aucune crainte à ce sujet, et ils ne croient pas que Jésus soit le messie. (Comparer avec, 'Père, pardonne-leur car ils ne savent pas ce qu'ils font.')

(RP)

L'auteur de Matthieu a l'intention de décrire Jésus comme 'l'agneau de Pâques.' Lorsque l'Ange de Destruction vit le sang sur les poteaux et les linteaux des portes des maisons du peuple d'Israël, il passa au-dessus d'elles. Lors de cette 'deuxième' Pâques, tous les acteurs de ces événements: du Grand-Prêtre aux plus humbles, jouent le rôle que l'on attend d'eux. Jésus meurt au moment précis où l'on offre en sacrifice l'agneau sans tache dans le Temple. C'est le moment où le peuple s'écrie: 'Que son sang retombe sur nous': c'est à dire, 'Que le sang de l'agneau de Pâques soit sur nous.' C'est la seule explication valable qui puisse être donnée, vu le déroulement du reste du récit. Une fois encore, si l'on ne tient pas compte du contexte Juif, ce passage perd son sens et peut être (comme il l'a été) mal interprété par tous ceux qui veulent l'utiliser à leurs propres fins. (Il est vrai qu'il ne devrait pas être permis aux antisémites de forcer leur propre interprétation des Écritures sur le reste du monde.)

(RP)

31. Alors, quelle fut la cause de la mise à mort de 'cet homme-là'?

Dieu.

(BF)

32. Deux mille ans se sont écoulés. Combien de temps devrons-nous encore attendre?

En fait, cette question s'adresse aux Juifs comme aux chrétiens. Les Juifs ont attendu l'avènement du messie depuis plus longtemps que les chrétiens n'ont attendu son retour.

(BF)

33. Écoutez, les missionnaires exploitent les faibles, les ignorants et ceux qui sont mal dans leur peau.

De la même façon que les docteurs recherchent ceux qui sont malades.

(JI)

34. Les missionnaires essayent toujours de citer un verset hors de son contexte; et si vous le leur faites remarquer, ils en citent un autre. Ils s'efforcent de vous noyer sous un déluge d'informations sans pour cela répondre à vos questions.

Les Saintes Écritures contiennent de tels trésors sur le messie qu'il serait stupide et même tout à fait malhonnête de la part d'un croyant d'user de tels stratagèmes et de détourner votre attention du verset en question. En fait, une personne usant de tels artifices ne serait pas un véritable disciple de la Vérité dont le nom est Jésus.

Veillez donc à prendre cela en compte pour tester les réponses et le comportement de celui que vous questionnez, qu'il soit prêtre, pasteur ou rabbin. Soyez sur vos gardes afin de ne pas être trompé et priez Dieu afin qu'Il se révèle à vous. Il est toujours sympathique et réconfortant de croire ce que l'on vous dit. Par contre, il faut du courage pour tenir tête et déclarer, 'Cela suffit! J'entends deux opinions contraires! L'une est fausse et je vais découvrir moi-même laquelle!' L'ignorance des choses principales qui affectent notre vie n'est pas un facteur de sérénité. N'hésitez pas à admettre votre ignorance sur une question. Consultez ensuite vous-même les Saintes Écritures pour voir ce que Dieu (et non quelque rabbin ou pasteur) a à dire à ce sujet. En dernier lieu, la décision à prendre ne regarde que vous-mêmes et Dieu. Aussi, assurez-vous de Le consulter.

(JI)

35. Les missionnaires cacheront habituellement leurs intentions réelles pour tromper votre méfiance.

Croyez bien que les Juifs Messianiques n'ont RIEN à cacher. Je crois que la raison en est qu'Il est le Chemin, la Vérité et la Vie. Je ne suis pas en train de faire du profit en 'sauvant' des Juifs. En premier lieu, il n'y en a qu'Un seul qui puisse sauver qui que ce soit: c'est le Sauveur du monde. Deuxièmement, je ne gagne rien à dire aux gens que j'aime le Dieu de cet univers. (Attendez, je reviens sur ce que je dis - je gagne énormément de choses pour propager la Bonne Nouvelle: je reçois un tas d'insultes et de menaces. En dépit de cela, je suis récompensé de toutes mes tribulations lorsque certains découvrent la Vie que j'ai trouvée.)

(JI)

36. Dans le judaïsme, nous croyons qu'il suffit de se repentir et de faire des bonnes oeuvres et non d'être 'nés de nouveau,' ou 'd'être bénéficiaires du sacrifice' de quelqu'un qui serait mort pour nous.

Vous voyez, c'est à ce niveau que le problème se situe. Vous pensez que certaines personnes sont meilleures que d'autres. Vous pensez qu'il y a des gens qui - littéralement - 'méritent' d'aller au paradis (vous-même inclus, je présume.)

Cela vous force à ignorer, où à rationaliser le sens de certains passages des Écritures qui disent clairement le contraire.

La position des Juifs sur cette question n'est pas différente de celle des autres grandes religions du monde – à l'exception du christianisme.

Dieu demanda-t-il à Adam d'assujettir la création? Oui. Adam chuta-t-il et tomba-t-il si bas que les hommes ne pouvaient plus obéir à ce commandement? Oui. En fait – n'est-il pas vrai qu'Adam créa un tel désordre qu'il aurait fallu une intervention directe de la part de Dieu pour redresser les choses? Oui.

Le judaïsme est une religion qui, comme toutes celles qui professent l'existence d'un Être suprême, s'efforce de rendre l'être humain présentable devant Dieu. Que ce soit par l'obéissance à la Torah, l'adhérence au Noble Octuple Sentier ou en étant simplement une 'bonne personne' (contrairement à celles qui sont sans aucun doute 'vraiment mauvaises') – toutes ces religions ont ce thème en commun. Et c'est vraiment dommage parce que les Saintes Écritures sont remplies d'exemples de la façon dont les choses se passent vraiment: c'est Dieu qui descend vers l'homme.

Vous n'aviez pas la Torah – Il vous a donné la Torah.

Vous n'aviez pas de nourriture – Il vous a envoyé la manne.

Vous n'aviez pas d'eau – Il a fait couler l'eau du rocher.

Vous n'aviez pas de chef – Il vous a donné Moïse.

Vous étiez prisonniers et esclaves – Il vous a fait sortir.

Vous étiez dispersés à cause de votre désobéissance – Il vous a ramené, non pas à cause de vos

oeuvres, mais à cause de Sa promesse à Abraham.

Que ce soit le Judaïsme, l'Islam, le Bouddhisme ou quoi que ce soit d'autre, on essaye toujours d'atteindre le paradis comme un hamster qui trotte à l'intérieur d'une roue sans fin – c'est un cycle d'efforts perpétuels qui ne mènent à aucun progrès.

Dieu veut vous enlever de votre cage et vous serrer dans Ses bras.

Le seul petit problème c'est qu'il y a encore la question du péché. Vous avez besoin d'être vertueux et juste. Suivant ce que Dieu a accompli dans le passé (voir ci-dessus), comment croyez-vous qu'il pourra vous rendre juste?

La question n'est pas, 'Quel est le point de vue des Juifs?', ou bien, 'Que disent les chrétiens?', mais plutôt, que disent les Saintes Écritures? (Voir dans Esaïe 57:12, 'Je vais publier ta droiture, Et tes oeuvres ne te profiteront pas.')

La repentance seule ne suffit pas car:

Il ne fut pas permis à Adam de rester dans le jardin;

Il ne fut pas permis à Ésaü de se repentir et de garder son droit d'aînesse;

Il ne fut pas permis à Moïse de se repentir et d'entrer dans la Terre Promise;

Il ne fut pas permis à Acan de se repentir;

Il ne fut pas permis à David de se repentir et de bâtir le Temple.

Il faut quelque chose de plus.

(BF)

PRIÈRE:

O DIEU D'ABRAHAM, D'ISAAC ET DE JACOB,

MONTRE-MOI LA VÉRITÉ AU SUJET DU MESSIE, ET LE CHEMIN DU

SALUT POUR TON PEUPLE, ISRAËL.

Des Rabbins parlent de leur messie

Des Rabbins parlent de leur messie

Rabbin Max Wertheimer

"Je commençai à lire le Nouveau Testament et à le comparer avec l'Ancien. Je lus de nombreux passages. J'en fis l'objet de réflexions et de méditations. L'un d'eux m'impressionna particulièrement; le cinquante-troisième chapitre d'Esaïe, verset onze: 'Par sa connaissance mon serviteur juste justifiera beaucoup d'hommes, Et il se chargera de leurs iniquités.' Ce n'est que dans ce verset que l'on trouve cette expression, 'Mon serviteur juste,' et nulle part ailleurs dans les Écritures. L'on y trouve,'David, Mon serviteur,' 'Esaïe, Mon serviteur,' 'Daniel, Mon serviteur,' mais voici que je tombe sur 'Mon serviteur juste.' Alors je me suis dis: 'Qui est ce serviteur juste?' Je raisonnais: 'Qui que soit ce 'serviteur juste', il ne s'agit pas Israël, car le prophète déclare qu'Israël est une nation de pécheurs, remplie d'iniquités, une nation lépreuse.' Je décidai qu'il devait s'agir d'Esaïe. Mais dans le chapitre 6 d'Esaïe je découvris que ce ne pourrait jamais être le prophète, car il y confesse être un pécheur coupable et un homme qui a des 'lèvres impures.' C'est alors que je commençai à étudier le contexte d'Esaïe 53. Dans Esaïe 50:6, je trouvai, 'J'ai livré mon dos à ceux qui me frappaient.' Cela me fit réfléchir. Qui livra son dos à ceux qui le

29

Des Rabbins parlent de leur messie

battaient? Quand et pourquoi a-t-il été frappé? Qui l'a frappé? Plus loin, j'ai lu,' (j'ai livré) mes joues à ceux qui m'arrachaient la barbe.' Plus loin encore, 'Je n'ai pas dérobé mon visage aux ignominies et aux crachats.' Qu'est-ce que tout cela voulait dire? Qui fut tellement maltraité? Quand? Pourquoi? J'étudiai d'autres prophéties. Dans Psaumes 110:1 il est écrit, 'Parole de l'Éternel à mon Seigneur; Assieds-toi à ma droite, jusqu'à ce que je fasse de tes ennemis ton marchepied.' Ici nous voyons David lui-même parlant de son propre descendant et l'appelant 'Seigneur.' Comment obtînt-il un tel titre? Pourquoi Dieu ne l'a-t-il pas expliqué? Pourquoi ne parla-t-il pas clairement à Israël de façon à ce que chaque Juif puisse comprendre?

Je me trouvais face de la doctrine de la Trinité. Nous les Juifs, nous disons, 'Écoute, Israël, le Seigneur notre Dieu est un seul Seigneur.' En Hébreux, 'un' est traduit par 'ehad.' C'est sur ce mot que la doctrine de l'unité de Dieu est fondée et sur lui que toute la philosophie du judaïsme moderne s'appuie. Pendant des générations, les rabbins ont enseigné que le mot 'ehad' signifie: un être absolu et indivisible. Mais - et je n'arrivais pas à y croire - mon enseignement était faux! Je commençai à étudier ce mot et découvris qu'il signifiait - non pas un 'être' absolu, mais un 'être' composé. Laissez moi illustrer cela: Adam et Ève devinrent une ('ehad') seule chair. Moïse envoya douze espions dans Canaan, et ils revinrent avec un ('ehad') ensemble de grappes. Lorsque les tribus d'Israël s'en allèrent livrer bataille à Benjamin à cause de l'abomination commise à Gibeah, les Hébreux disent que 400.000 guerriers étaient unis 'comme un seul homme,' c'est à dire comme 'ehad.' (Juges 20:11.) Là encore l'on trouve une entité composite - ils étaient des milliers, mais ils agissaient tous comme un seul. Comme ce passage, de nombreux autres dans les Écritures montrent que 'ehad' ne veut pas toujours dire qu'il s'agit d'un 'être absolu.'

Je fus convaincu de la vérité de Jésus, le Messie. En tant que rabbin, j'avais souhaité apporter aux familles endeuillées un espoir sur lequel elles pourraient s'appuyer, mais comment pouvais-je leur donner quelque chose que je n'avais pas? Je leur apportais bien de la compassion, mais lorsqu'une personne est dans le chagrin et la peine, traversant une tragédie personnelle, la compassion apporte peu de réconfort. Mais pour quelqu'un dans le chagrin, ces paroles de Jésus ne sont-elles pas satisfaisantes et glorieuses: 'Je suis la résurrection et la vie. Celui qui croit en moi vivra, quand même il serait mort; et quiconque vit et croit en moi ne mourra jamais.' (Jean 11:25,26)

Des Rabbins parlent de leur messie

Rabbin Chil Slostowski

"Un jour, je voyageais par train de Haïfa à Jérusalem avec plusieurs collègues d'un séminaire rabbinique. Dans le compartiment, en face de moi, il y avait un jeune homme qui lisait un livre. Sur la couverture je pouvais clairement lire les mots: 'Nouveau Testament,' écrits en Hébreux. Aussitôt je fus conscient qu'il s'agissait d'un Juif Chrétien - il était Juif parce qu'il pouvait lire l'Hébreux et chrétien parce qu'il lisait le Nouveau Testament. Puisque j'étais avec mes collègues, je me sentis dans l'obligation de protester. Je le critiquai sévèrement et lui fît connaître ma position en tant que rabbin. A ma surprise, le jeune homme ne se mit pas en colère mais sourit en me disant: 'Peut-être pouvez-vous me montrer ce que vous trouverez de choquant dans ce livre?'

"J'avais déjà lu quelque peu le Nouveau Testament et savais qu'il n'y avait rien de répréhensible dans ce livre. Ce qui me contrariait à ce moment-là, c'était la présence de mes compagnons de voyage. Je devais donc apporter une réponse adéquate à ce jeune homme pour ne pas perdre le respect des mes amis.

"C'est pour cela que je lui répondis: 'Comment puis-je te montrer les erreurs d'un livre qu'il nous est interdit de lire?' Il rétorqua, 'Comment pouvez-vous critiquer et juger quelque chose dont vous n'avez aucune connaissance? S'il vous plait, lisez d'abord ce livre et alors vous verrez qu'il ne contient rien de critiquable.' Je gardai le silence, que pouvais-je dire?

"Ce soir là, je commençai la lecture du Nouveau Testament dans ma chambre à Jérusalem. Toutefois, avant de l'ouvrir, je priai: 'Ouvre mes yeux, pour que je contemple les merveilles de ta Loi!' (Psaumes 119:18.) Par sa grâce divine, l'Éternel entendît ma prière et me montra des merveilles que je n'avais jamais vues auparavant. Tel un homme assoiffé qui boit goulûment lorsqu'il a trouvé une source d'eau fraîche, de même je bus ce livre, page après page. En une seule et longue lecture je lus les évangiles de Matthieu, de Marc et de Luc. C'est alors que je regardai l'heure: 3 heures du matin!

"A chaque page je ressentais grandir et s'approfondir en moi la conviction que Jésus est le Messie qui fut prophétisé à nous, les Juifs. Lentement, mais sûrement, mon cœur, mon âme et mon esprit accablés devinrent joyeux. Certains passages des Écritures m'attiraient particulièrement et je peux encore me souvenir de nombre d'entre eux. Le Sermon sur la Montagne ouvrit devant moi la perspective d'un monde nouveau, un monde plein de beauté et de gloire. Celui qui proclama d'aussi merveilleuses paroles ne pouvait être mauvais, quoique le Talmud puisse en dire. Ces paroles, ' Le ciel et la terre passeront, mais mes paroles ne passeront point,' ne pouvaient avoir été prononcées que par Dieu lui-même ou par un fou. Et à partir des réponses que Jésus apporta aux scribes et aux pharisiens, il apparaît très clairement qu'il n'était pas un lunatique, mais, au contraire, exceptionnellement sage. Je fus aussi profondément impressionné par la lecture de Luc 23:24: 'Jésus dit: Père, pardonne leur, car ils ne savent ce qu'ils font.' Comparez cela avec les paroles de Jérémie lorsqu'il était opprimé. Jérémie devint comme enragé et maudit ses persécuteurs. Pourtant, même de sa croix, Jésus n'exprima que pardon, grâce et compassion. Il pria pour ceux qui le persécutaient. Quelle différence! Comme il était plus grand que les autres prophètes!

"Mon cœur était tellement touché parce que j'avais lu que, bien qu'il soit trois heures du matin, je me mis à genoux pour la première fois de ma vie et priai. Car nous, les Juifs, nous nous tenons debout pour prier, nous ne nous agenouillons pas. Je ne puis dire combien de temps je priai. Je pleurais et implorais Dieu afin qu'il m'envoie plus de lumière. Je le suppliais de me montrer la vérité. Et, pour la première fois, je priai au nom de Jésus.

"Après cette prière, il vint dans mon cœur une paix et une joie que je n'avais jamais connues auparavant, même pas le Jour de l'Expiation, bien que ce jour-là je jeûne et prie toujours avec ferveur. Jamais auparavant n'avais-je obtenu une telle certitude de ma réconciliation avec Dieu et, grâce soit rendue à Dieu, cette certitude ne m'a jamais quittée depuis. Je savais sans aucun doute que Jésus était le Messie promis depuis longtemps aux Juifs et qu'il était le Sauveur du monde. J'en étais arrivé à voir en lui mon propre Rédempteur."

Rabbin Jacobs

Dr Bell, pasteur d'une église de New-York, devînt l'ami du rabbin d'une synagogue du quartier. Il l'accueillait toujours chaleureusement et alla même jusqu'à assister à un culte de la synagogue. A son tour, il invita le rabbin à assister à un service d'adoration dans son église. Le rabbin Jacob répondit aimablement que, bien qu'il soit curieux de voir à un service chrétien, il serait impropre de sa part d'entrer dans une église - aucun Juif Orthodoxe ne devant le faire. Cependant, un dimanche, il se hasarda à aller à l'église pour assister à un service du matin.

Tout d'abord, il se sentit mal à l'aise car des hommes, des femmes et des familles étaient assis ensemble - contrairement à la pratique orthodoxe. Il eut envie de repartir aussitôt. Toutefois il resta car il s'intéressait aux chants de la congrégation. Il fut content lorsque le pasteur lut un extrait du trente-cinquième chapitre d'Ésaïe et qu'un Psaume fut chanté. Ensuite, le Dr Bell prononça une prière. Les rabbins lisent leurs prières, mais à ce moment-là ce rabbin entendit pour la première fois une prière spontanée. Elle présentait des requêtes pour des individus, des familles, des nations et même pour les Juifs. Cela ne manqua pas de le surprendre. Avant cela, il croyait que tous les chrétiens haïssaient et méprisaient les Juifs; et voici qu'à présent ils priaient afin qu'ils soient bénis par Dieu. Cela l'impressionna profondément. Le thème du sermon était basé sur l'invitation miséricordieuse de Jésus: 'Venez à moi, vous tous qui êtes fatigués et chargés, et je vous donnerai du repos.' Le pasteur déclara qu'aucun prophète, ni poète, ni roi, n'avait osé prononcer de telles paroles et qu'il n'y avait que Jésus qui avait le pouvoir de satisfaire les besoins de chaque cœur, d'offrir à chacun la libération de ses soucis, de son chagrin, de la peur et du péché.

Le jour suivant, le pasteur offrit une copie du Nouveau Testament au rabbin. Le Rabbin Jacobs rappela qu'il n'était pas permis à un Juif Orthodoxe de lire ce livre. "Pourquoi pas?" - lui demanda le Dr Bell. "Presque tout ce qu'il contient fut écrit par des Juifs. Il présente le message du Dieu d'Israël. Tout comme Dieu apparut à Abraham sous une forme humaine, ainsi le fit-il dans la personne de Jésus de Nazareth."

Une fois rentré chez lui, le rabbin regarda le Nouveau Testament avec appréhension. Avant de l'ouvrir, il pria que Dieu le protège du mal. Après avoir feuilleté les premières pages, il remarqua quelques noms Juifs: Abraham, Isaac et Jacob. Jérusalem et Bethléem étaient aussi mentionnés. Éventuellement, il parvint à comprendre que le prophète de Nazareth était bien le Messie promis à Israël et qu'il avait accompli toutes les prophéties à son sujet.

Son cœur était rayonnant d'amour pour son Messie. Il sentit qu'il devait à présent déclarer cette vérité à sa propre congrégation, bien qu'il soit conscient des conséquences que cela entraînerait. Lors d'une réunion avec les anciens, il leur fit part de ce qu'il croyait désormais. Cela les surprit. Ils pensèrent qu'il était fou ou possédé. Il voulait leur expliquer sa foi mais ils refusèrent de l'écouter. Bientôt, une tempête d'amères persécutions s'abattit sur lui: il fut obligé de rendre ses responsabilités et même de quitter le quartier où il habitait. Éventuellement il prit le chemin de ce qui était alors la Palestine afin d'y prêcher la vérité au sujet du Messie.

Dans son cœur, il désirait que son propre peuple parvienne à connaître la vérité salvatrice: "Et comme Moïse éleva le serpent dans le désert, il faut de même que le Fils de l'homme soit élevé, afin que quiconque croit en lui ait la vie éternelle. Car Dieu a tant aimé le monde qu'il a donné son Fils unique, afin que quiconque croit en lui ne périsse point, mais qu'il ait la vie éternelle." (Jean 3:14-16)

Rabbin Philips

Le rabbin Philips descendait d'une famille pieuse. Il devint le rabbin d'une synagogue à New-York. Il était bien éduqué dans tous les livres rabbiniques tels que la Mishna et le Gemara, le Midrash Rabba et le Targum ainsi qu'un certain nombre d'autres ouvrages. Pourtant il ne trouvait dans aucun de ces textes ce qui pourrait satisfaire les aspirations secrètes de son cœur. Finalement, il en arriva à lire le Nouveau Testament. Il fut surpris. Il s'attendait à y trouver de l'orgueil, de l'égoïsme, de la haine et des paroles violentes contre les Juifs. Au lieu de cela, il n'y trouva qu'amour, humilité et paix. Au lieu de cailloux il trouva des perles. Après l'avoir lu, il put comprendre le sens des Écritures; il comprit pourquoi il fut demandé à Abraham d'offrir son fils bien-aimé, Isaac; il comprit la raison des sacrifices offerts dans le Temple et pourquoi les Fêtes annuelles devaient se dérouler de certaines façons; comme l'Agneau devant être sacrifié pendant Pâques. Il prit conscience qu'à peine, "la moitié de la vérité lui avait été dite auparavant," et il vit en ce Jésus celui qui avait été promis comme messie pour Israël.

Ses amis ne le comprirent pas et expliquèrent qu'il était tombé en erreur; on lui demanda combien il avait été payé pour devenir chrétien. Ils se détournèrent de lui et cela le fit vraiment souffrir. Même sa propre mère lui écrivit: "Tu n'es plus mon fils! Tu as abandonné la religion de ton père et la synagogue pour ce trompeur, Jésus!" Cela aussi le blessa profondément bien qu'il ait su qu'un Juif devrait tout abandonner s'il décidait de suivre Jésus.

Et pourtant, plus son peuple le haïssait et le méprisait et plus il l'aimait avec ferveur et priait pour lui. Son seul désir était que son propre peuple parvienne à comprendre, comme lui, celui qui était le sauveur d'Israël et son vrai Messie.

Rabbin Gurland

Il y eut du désarroi lorsque l'on annonça que le Rabbin Gurland allait être baptisé et qu'il confesserait publiquement sa croyance que Jésus était le Messie d'Israël. Beaucoup de Juifs étaient tellement furieux qu'ils lui écrivirent que son baptême serait une honte et un désastre pour les Juifs. Ils l'avertirent même que certains étaient si en colère que sa vie pouvait être en danger. Lorsque le pasteur lui demanda si, en l'occurrence, il ne préférerait pas être baptisé en privé plutôt que dans une église, il répondit: "Non. Jésus est un Sauveur vivant et puissant. Il peut me protéger. S'il ne le fait pas, alors je suis prêt à souffrir et même à mourir pour lui."

Lorsque le jour du baptême arriva, il y eut un grand désarroi. L'église était pleine. Juifs et chrétiens étaient venus pour voir ce qui allait se passer. Le rabbin prononça un court sermon. Il expliqua comment, après avoir lu le 53ème chapitre d'Esaïe et après avoir comparé ses descriptions avec celles qu'il trouva dans le Nouveau Testament au sujet du jugement et des souffrances de Jésus, il crut que Jésus est l'accomplissement de ces prophéties. Pendant le baptême et le reste du service chacun resta tout à fait tranquille. Un jour, Jésus calma les flots agités. Et voilà que maintenant il calmait les cœurs courroucés. Après le service, une vieille dame dit au rabbin: "Depuis 18 ans, j'ai prié Dieu et l'ai imploré pour le salut de ton âme."

Après cela, l'existence du Rabbin fut très difficile. Mais il continua à prêcher et à s'efforcer de montrer à son peuple la vérité au sujet de leur Messie - le chemin du salut.

Des Rabbins parlent de leur messie

Rabbin Levy

"J'avais trouvé une claire description du Messie dans un petit livre qui m'était tombé sous la main. C'était ma première introduction au Nouveau Testament. Je commençais à le lire comme j'aurais lu n'importe quel autre livre, à partir du début: 'Généalogie de Jésus-Christ, fils de David, fils d'Abraham,' - je fus stupéfait de découvrir que j'étais en train de lire un livre Juif qui parlait d'un Juif. Lisant attentivement, j'en arrivai à la conclusion que Jésus était un Juif appartenant au même peuple qu'Abraham et David. Il était né d'une femme juive dans la ville juive de Bethléem.

"Parce qu'il connaissait la Loi et les Prophètes je l'ai accompagné dans ses voyages à travers la Terre (Sainte.) Tout en lisant, j'écoutais ses magnifiques déclarations et enseignements, j'observais et admirais sa compassion et ses guérisons. Cela devint ma nourriture spirituelle. Sa promesse de pardonner mes péchés et de donner la vie éternelle à ceux qui croient en lui m'attirèrent vers lui, jusqu'à ce que je le considère pleinement comme mon Messie et mon propre sauveur.

"Je désire confirmer le fait que mon cœur ne me condamne pas à cause de ma nouvelle croyance, parce que je me sens toujours un Juif et que je serai toujours un Juif. Je n'ai pas renoncé à l'héritage d'Abraham, d'Isaac et de Jacob. Comme Paul, je peux dire, 'Sont-ils Hébreux? Moi aussi. Sont-ils Israélites? Moi aussi. Sont-ils de la postérité d'Abraham? Moi aussi.' (II Corinthiens 11:22) Je répète donc fièrement sa déclaration, 'je n'ai point honte de l'Évangile: c'est une puissance de Dieu pour le salut de quiconque croit, du Juif premièrement, puis du Grec.'" (Romains 1:16)

36

Des Rabbins parlent de leur messie

Rabbin Charles Freshman

Une édition joliment reliée de l'Ancien et du Nouveau Testaments était cachée dans son bureau. Il l'avait acquise depuis plusieurs années. Il ne la regardait jamais. Lorsqu'il arriva au Québec et qu'il sortit ses livres de leurs caisses, il trouva le Nouveau Testament parmi eux. Il croyait l'avoir laissé en Hongrie. Il le prit et l'enferma à clef dans un tiroir de son bureau avec d'autres documents privés de peur que sa propre femme, ses enfants ou quelque autre personne de sa congrégation ne découvre qu'il avait un tel livre en sa possession. Il se sentait coupable de ne pas l'avoir immédiatement détruit.

Un jour, cependant, il ouvrit son bureau, en retira le livre et se rendit dans sa librairie, s'y enfermant à clef. C'est là que, protégé de toute interruption ou intrusion, il ouvrit le Nouveau Testament. Très peu de temps après, dégoûté, il rejeta le livre en s'exclamant: "Cela ne peut pas être." Mais bientôt, en dépit de cela, il le reprit, le lut un moment, puis le rejeta encore. Il continua ainsi (à la prendre et à le rejeter) pendant une heure. Finalement, il se fâcha au point de jeter le livre par terre avec une telle violence que plusieurs pages en furent arrachées. Subitement, il fut pris de remords et replaça les pages arrachées. Il rangea le livre dans sa cachette dans son bureau après avoir décidé de ne plus jamais le regarder.

Mais il n'était plus en paix. C'est tout juste s'il pouvait se décharger de ses devoirs à la synagogue. En fin de compte, il décida d'étudier les prophètes, particulièrement ceux qui avaient annoncé la venue du Messie. Finalement, il en arriva à la conclusion que Jésus était bien le Rédempteur promis. Il appela sa femme et lui annonça sa décision. Elle commença à pleurer amèrement. Les enfants les plus âgés, l'ayant appris aussi, pleurèrent à leur tour. Les membres de sa congrégation, après l'avoir appris, déclarèrent qu'il devait être un fou dangereux. Certains proposèrent que sa femme le quitte. Ses amis l'évitèrent et le renièrent. L'on fit courir le bruit qu'il avait reçu dix mille dollars pour renier sa foi. Mais il continua à lire le Nouveau Testament et, un à un, les membres de sa propre famile parvinrent également à voir que Jésus était l'accomplissement des paroles des Prophètes. Et le rabbin Freshman continua à en porter témoignage devant son propre peuple jusqu'à sa mort.

Rabbin Isaac Lichtenstein

"C'est par la grâce de Dieu que je pris un jour dans mes mains un Nouveau Testament, lequel était resté sans usage dans un coin pendant trente ans. Je n'avais aucune idée de la grandeur, du pouvoir et de la gloire de ce petit livre qui m'avait été auparavant caché. Tout paraissait si nouveau... De chaque ligne, de chaque mot, l'esprit Juif jaillissait si puissamment: lumière, vie, pouvoir, foi, espoir, amour, une foi en Dieu illimitée et indestructible, pitié, bonté, respect d'autrui; tout cela imprégnait ce livre. Chaque principe noble, chaque enseignement moral dans sa pureté, toutes les vertus qui ornaient Israël dans sa jeunesse - je les trouvais dans ce livre sous une forme affinée et simplifiée. On y découvre un baume pour chaque âme et une guérison pour chaque blessure morale.

"Je resterai au sein de ma propre nation. J'aime Jésus, je crois dans le Nouveau Testament, mais je ne me sens pas incliné à me joindre au christianisme. Comme le prophète Jérémie après la destruction de Jérusalem qui, en dépit des offres généreuses de Nabuchodonosor et du Capitaine de son armée, préféra rester et se lamenter parmi les ruines de la Ville Sainte et fut méprisé par le reste de son peuple - de même je resterai parmi mes propres frères, comme un gardien parmi eux qui les supplie de voir en Jésus la véritable gloire d'Israël."

Quelques commentaires Juifs classiques sur la signification d'Esaïe 53

Quelques commentaires Juifs classiques sur la signification d'Esaïe 53

Moses El-Sheik (Al Shek) *(16ème siècle)*

Dans ce Chapitre, il est difficile d'organiser ou d'arranger le texte d'une façon fidèle et de faire en sorte que ses différentes parties, du début à la fin, se combinent et se relient étroitement... Je vois les commentateurs examiner ces parties du haut en bas et ne pas parvenir à s'entendre sur le sujet auquel elles se réfèrent, ni dénouer le sens des mots à partir d'un plan simple.

Donc me voilà à mon tour, en toute humilité, venant après eux; non comme imbu d'une sagesse avec laquelle je serais sur le point de parler, mais avec la simple intention de montrer le sens au moyen d'une méthode claire, en accord avec le sens littéral du texte - laquelle (méthode) devrait être utilisée par quiconque désire relier correctement entre eux les différents mots et sections, et déterminer quelle interprétation est ou non légitime.

C'est ainsi que je peux faire remarquer que, d'une seule voix, nos rabbis acceptent et confirment l'opinion selon laquelle le prophète est en train de parler du Roi Messie. Nous adhérerons donc au même point de vue; car ce Messie est, bien sûr, David qui, comme on le sait bien, fut "oint," et il y a un verset où le prophète, parlant au nom de l'Éternel, déclare expressément, " *Mon serviteur* David sera leur roi" (Ézéchiel 37:24). L'expression *"Mon serviteur,"* peut donc faire correctement référence à David car par ce qui est explicité à un endroit (des Écritures) l'on peut découvrir le sens de ce qui est caché ou obscur à un autre endroit.

Nos rabbis disent que de toute la souffrance qui est entrée dans le monde, un tiers était pour David et les pères, un tiers pour la génération de l'exil et un tiers pour le Roi Messie. Si l'on examine la signification de ce dicton, nous voyons qu'il y a des punitions pour les méchants et aussi des punitions d'amour - ces dernières sont endurées par le juste pour les péchés de sa propre génération.

... Mais voyez maintenant la miséricorde de Dieu : après que chacun ait erré en suivant sa propre voie, l'on aurait pu pareillement s'attendre à être punis individuellement; cependant l'Éternel n'envisagea pas une telle chose mais il nous compta comme un seul homme, rassemblant "l'iniquité de nous tous", et faisant en sorte qu'elle soit placée sur Celui qui est Juste et qui était alors à même de porter la totalité de nos fautes - ce qui n'aurait pas été le cas si l'iniquité de chacun lui avait été attribuée en propre. (Esaïe 53:6)

Esaïe 53

YEFETH BEN ALI   **_(10ème siècle)_**

En ce qui me concerne je suis incliné, avec Benjamin de Nehawend, à considérer (ce passage) comme faisant référence au Messie et commençant avec une description de sa condition pendant l'exil, depuis l'époque de sa naissance jusqu'à son accession au trône.

L'expression "_Mon serviteur_" s'applique au Messie comme elle s'applique à son ancêtre dans le verset, "J'ai juré à David, mon serviteur." (Psaumes 89:4)

... Les mots: "_il supportait les maladies qui auraient dû nous atteindre,_" (Esaïe 53:4, BFC) signifient qu'il endurait les souffrances et les maladies qu'ils méritaient de subir, et qu'au lieu de cela il les prit sur lui. Les mots: "_nous l'avons dédaigné,_" montrent qu'ils pensaient qu'il était affligé à cause de ses propres péchés, comme il est distinctement écrit, "_Frappé de Dieu et humilié._"

A ce point, je pense qu'il est nécessaire de s'arrêter un moment afin d'expliquer pourquoi Dieu a provoqué ces maladies affligeant le Messie pour le salut d'Israël. Nous disons que Dieu fit connaître au peuple de ce temps là l'excellence des prophètes qui intercèdent pendant les périodes d'adversité. Et il le fit de deux façons. En premier lieu, pendant que l'empire d'Israël existait, (l'excellence de ces prophètes) était montrée par des prières et des intercessions, comme dans le cas de Moïse, d'Aaron, de Samuel, de David, d'Élie et d'Élisée - leurs prières pour la nation furent acceptées par Dieu. En second lieu, pendant les périodes de captivité et d'extrême iniquité - bien que leurs intercessions (celle des prophètes) ne montra en rien de telles traces, le fardeau des péchés de la nation fut allégé. C'est le cas d'Ézéchiel lorsque Dieu l'obligea à dormir 390 jours sur le côté gauche et 40 du côté droit (Ézéchiel 4:4) Il porta d'abord l'iniquité d'Israël, et ensuite le poids des péchés de Juda. La nation méritait une plus grande punition divine que celle qu'elle subit en réalité, mais elle n'était pas assez forte pour la supporter (comme Amos l'exprime: "_Éternel, pardonne donc! Comment Jacob subsistera-t-il? Car il est si faible!_" Amos 7:2) - le prophète devait donc alléger cette punition.

Puisqu'à présent, à la fin de la captivité, il n'y aura aucun prophète pour intercéder en période de désarroi - à l'époque de la colère de Dieu et de sa fureur - Dieu a nommé Son Serviteur afin de porter leurs péchés et, ce faisant, alléger leur châtiment afin qu'Israël ne soit pas complètement détruit. A partir du passage: *"il était blessé pour nos péchés,"* nous apprenons deux choses : d'abord que les enfants d'Israël avaient commis de nombreux péchés et transgressions pour lesquels ils méritaient l'indignation de Dieu; ensuite que, par un Messie qui porterait le poids de ces fautes, ils seraient délivrés de la colère qui reposait sur eux et ils seraient capables de l'endurer, comme il est écrit: *"Et en nous associant avec lui nous sommes guéris."* (verset 5)

... Il fut dit que: *"l'Éternel a fait retomber sur lui l'iniquité de nous tous,"* et le prophète répète la même idée ici, déclarant qu'il plut à Dieu de le blesser et de le frapper de maladies, bien que ce ne soit pour aucune faute de sa part. Ensuite, le prophète annonce: *"Après avoir livré sa vie en sacrifice pour le péché,"* (Esaïe 53:10) - indiquant par là que son âme se sentait contrainte de prendre sur elle la culpabilité d'Israël, comme il est écrit, *"il a porté les péchés de beaucoup d'hommes."* (Esaïe 53:12)

LE ZOHAR

Les enfants du monde sont membres les uns des autres. Lorsque le Très Saint désire apporter la guérison au monde, il frappe un homme juste parmi eux et, à cause de lui, il guérit tous les autres. D'où apprenons-nous cela? Du dicton: *"il était blessé pour nos péchés, brisé pour nos iniquités"* - en d'autres termes, en versant son propre sang - comme lorsqu'un homme saigne son bras - il y eut une guérison pour nous - pour tous les membres du corps. En règle générale, une personne juste n'est frappée que pour permettre la guérison et l'expiation (des péchés) de toute une génération.

Esaïe 53

MOSES KOHEN IBN CRISPIN   (14ème siècle)

Je suis heureux de d'interpréter (le sens) du Roi Messie, en accord avec l'enseignement de nos hommes sages. Je prendrai soin, autant que possible, de rester fidèle au sens (réel). Ainsi, je me détacherai des interprétations forcées et tirées par les cheveux dont d'autres se sont rendus coupables.

"*Cependant, ce sont nos souffrances qu'il a portées*" (verset 4). Ces paroles expliquent la cause de ses souffrances; elles viendront toutes sur lui à cause du chagrin et du désespoir qu'il ressentira pour la maladie causée par nos péchés. C'est comme s'il portait toutes les maladies et punitions qui nous échoient. Peut-être qu'ici "porter" veut dire enlever, ou encore pardonner, comme dans Exode 10:17; à cause de sa pitié et de ses prières pour nous il fera l'expiation de nos péchés. "*Ce sont nos souffrances qu'il a portées*," comme un fardeau dont il s'est chargé, il portera tout le poids de nos peines... "*Et nous l'avons considéré comme puni, Frappé de Dieu, et humilié.*" Nous ne croyons pas que l'on puisse trouver un seul homme prêt à endurer une telle souffrance et un chagrin tel qu'il en serait aussi défiguré - quand bien même il le ferait pour ses enfants - encore moins pour son peuple. Il nous paraîtrait compréhensible que des souffrances aussi terribles viennent sur lui en conséquence de ses nombreux péchés et erreurs; et conséquemment nous le considérerions comme, "*frappé de Dieu.*" Mais il n'en est pas ainsi; elles (les souffrances) ne sont pas une punition envoyée par Dieu, mais "*il était blessé pour nos péchés*" - des douleurs vives, comme celles de l'enfantement, le saisiront à cause de l'affliction qui est tombée sur nous à cause de nos transgressions. "*Et c'est en nous unissant à lui que nous sommes guéris.*" Bien qu'il soit extrêmement affligé par la souffrance et la maladie, c'est toutefois en nous unissant à lui et en restant près de lui que nous sommes guéris de toutes les maladies causées par notre accablement. Dieu éprouvera de la compassion à son égard et, en l'épargnant à cause des souffrances qu'il endura à notre place, il nous guérira.

Esaïe 53

Comme des brebis qui n'ont pas de berger et qui se dispersent partout dans la plaine, nous nous dispersions à cause de nos propres oeuvres et prenions des chemins divergents, chacun s'occupant de ses propres affaires, personne ne se souciant de servir Dieu. Notre iniquité était trop grande pour être pardonnée et, comme pendant l'exil, nous avions déjà subi la plus extrême des punitions, c'est un peu comme si ce châtiment que nous méritions tous, Dieu l'en avait frappé.

Dieu commanda à Esaïe d'annoncer cette prophétie afin de révéler la nature du Messie à venir, celui qui viendra pour délivrer Israël. Esaïe décrit sa vie du jour où il atteindra l'âge de raison jusqu'à son avènement en tant que rédempteur, afin que si quiconque se lève pour déclarer qu'il est le Messie, nous puissions en examiner les raisons et voir si nous pouvons observer en lui une quelconque ressemblance avec les caractéristiques décrites ci-dessus. S'il existe une telle ressemblance, alors nous pourrons croire qu'il est le Messie de justice; mais s'il n'y en a pas, nous ne le pourrons pas.

MOÏSE BEN MAIMON (MAIMONIDE)

De quelle manière le Messie paraîtra-t-il, et où se manifestera-t-il d'abord? Il se manifestera d'abord sur la terre d'Israël, comme il est écrit: "*Le Seigneur que vous désirez arrivera soudain dans son temple.*" (Malachie 3:1) Toutefois, en ce qui concerne la manière dont il paraîtra, et ce jusqu'à ce que cela se produise, vous ne pouvez le savoir, comme vous ne pourriez dire s'il est le fils de telle ou telle personne, ou s'il appartient à la famille de cette personne. Il se lèvera quelqu'un que personne n'a connu auparavant. Les signes et les merveilles qu'ils le verront accomplir constitueront les preuves de sa véritable origine. Lorsque le Tout Puissant déclare son intention à ce sujet, il dit: "Voici, un homme, dont le nom est Branche, se ramifiera dans son lieu." (Zacharie

Esaïe 53

6:12) De même, Esaïe parle de l'époque où il paraîtra, sans père, mère ni famille connue: "*Il s'est élevé ... comme une faible plante, Comme un rejeton qui sort d'une terre desséchée.*" (Esaïe 53:2) Toutefois, le phénomène unique qui accompagnera sa manifestation sera que tous les rois de la terre seront plongés dans la crainte à cause de sa réputation - leurs royaumes seront frappés de consternation, et eux-mêmes ne sauront s'ils doivent s'opposer à lui par les armes ou adopter une autre approche; celle de confesser - en fait - leur incapacité de se mesurer à lui ou d'ignorer sa présence. Ils seront tellement déconcertés devant les merveilles qu'ils le verront accomplir qu'ils se mettront la main sur la bouche. Esaïe décrit ainsi la manière dont les rois seront saisis en sa présence: "Devant lui des rois fermeront la bouche; Car ils verront ce qui ne leur avait point été raconté, Ils apprendront ce qu'ils n'avaient point entendu." (Esaïe 52:15)

YOSEF ALBO

Il y a aussi des instances où des malheurs frappent ceux qui sont justes - non comme une punition - mais pour le salut de toute une nation, afin qu'une expiation puisse être faite pour elle. Cela se produit parce que le Tout Puissant prend plaisir à sauver le monde. Il sait que le juste endurera ses souffrances joyeusement, sans remettre en question les jugements de l'Eternel. Il fait donc souffrir le juste pour racheter le mal (autrement) destiné à affliger tout un peuple, pour que de cette façon-là cela puisse être évité. C'est ce que nos rabbis veulent dire par leur dicton (Moed Katan 28a) : "*La mort du juste sert d'expiation.*"

Les Midrashim

"Approche ici" (Ruth 2:14)-ce passage fait référence au Roi Messie. "Approche ici", approche-toi du royaume. "Et mange du pain", il s'agit là du pain du royaume; "et trempe ton morceau dans le vinaigre"; cela se rapporte aux souffrances, comme il est dit, "Mais il était blessé pour nos péchés, Brisé pour nos iniquités." (Esaïe 53:5)

(Ruth Rabba 5,6)

Le Rabbi Huna dit au nom du Rabbi Acha, "Les souffrances sont divisées en trois parts; l'une pour David et les Patriarches; l'autre pour notre propre génération (en exil); et la troisième pour le Roi Messie, et voici ce qui est écrit: "Il était blessé pour nos péchés." (Esaïe 53:5) 'Et quand l'heure sera venue,' dit le Très Saint - que son Nom soit béni! - 'Je dois le créer comme une nouvelle création,' comme il est écrit: "Tu es mon fils! Je t'ai engendré aujourd'hui." (Psaumes 2:7)

(Midrash Tehillim, commentaires sur le Psaume 2, et Midrash Samuel, chapitre 19; avec les lectures du Yalkut II, 620)

Esaïe 53

Liturgie pour le service supplémentaire pour le Jour de l'Expiation

Notre Messie juste nous a quitté, l'horreur nous saisit,
nous n'avons plus personne pour nous justifier.
Il a porté le joug de nos péchés, et nos transgressions.
Il porte sur son épaule le fardeau de nos péchés,
afin de trouver le pardon de toutes nos iniquités.
Nous serons guéris par ses blessures.
O Éternel, il est temps que tu le crées à nouveau!

(Eleazor ha-Kalir, 9ème siècle, peut-être plus ancien)

Le Talmud babylonien

Le Messie - comment s'appelle-t-il? . . . Les rabbis disent: "Le Lépreux de la Maison du Rabbi est son nom," comme il est écrit:" *Ce sont nos souffrances qu'il a portées ... et nous l'avons considéré comme puni, Frappé de Dieu, et humilié.*" (Esaïe 53:4)

(Sanhedrin 98b)

Ésaïe 53

1

Qui a cru à ce qui nous était annoncé? Qui a reconnu le bras de l'Éternel?

2

Il s'est élevé devant lui comme une faible plante, Comme un rejeton qui sort d'une terre desséchée; Il n'avait ni beauté, ni éclat pour attirer nos regards, Et son aspect n'avait rien pour nous plaire.

3

Méprisé et abandonné des hommes, Homme de douleur et habitué à la souffrance, Semblable à celui dont on détourne le visage, Nous l'avons dédaigné, nous n'avons fait de lui aucun cas.

4

Cependant, ce sont nos souffrances qu'il a portées, C'est de nos douleurs qu'il s'est chargé; Et nous l'avons considéré comme puni, Frappé de Dieu, et humilié.

5

Mais il était blessé pour nos péchés, Brisé pour nos iniquités; Le châtiment qui nous donne la paix est tombé sur lui, Et c'est par ses meurtrissures que nous sommes guéris.

6

Nous étions tous errants comme des brebis, Chacun suivait sa propre voie; Et l'Éternel a fait retomber sur lui l'iniquité de nous tous.

7

Il a été maltraité et opprimé, Et il n'a point ouvert la bouche, Semblable à un agneau qu'on mène à la boucherie, A une brebis muette devant ceux qui la tondent; Il n'a point ouvert la bouche.

8

Il a été enlevé par l'angoisse et le châtiment; Et parmi ceux de sa génération, qui a cru
Qu'il était retranché de la terre des vivants Et frappé pour les péchés de mon peuple?

9

On a mis son sépulcre parmi les méchants, Son tombeau avec le riche, Quoiqu'il n'eût
point commis de violence Et qu'il n'y eût point de fraude dans sa bouche.

10

Il a plu à l'Éternel de le briser par la souffrance... Après avoir livré sa vie en sacrifice
pour le péché, Il verra une postérité et prolongera ses jours; Et l'oeuvre de l'Éternel
prospérera entre ses mains.

11

A cause du travail de son âme, il rassasiera ses regards; Par sa connaissance mon
serviteur juste justifiera beaucoup d'hommes, Et il se chargera de leurs iniquités.

12

C'est pourquoi je lui donnerai sa part avec les grands; Il partagera le butin avec les
puissants, Parce qu'il s'est livré lui-même à la mort, Et qu'il a été mis au nombre des
malfaiteurs, Parce qu'il a porté les péchés de beaucoup d'hommes, Et qu'il a intercédé
pour les coupables.

36 Questions and Answers About Jesus of Nazareth

PREFACE

The following questions were raised in discussions on the Internet during the course of the last year. The answers offered here were either provided at the time, or else have been especially recreated for this booklet. Each of the respondents (which include both messianic Jews and gentile Christians) has chosen to be represented only by first and last initials.

Of course, no one "converts" another person to the truth about Yeshua; the Holy Spirit does this. No amount of argument, "logic", or "analysis" is sufficient by itself to help people come to the fullness of understanding of the depth of G-d's chesed. Our task instead is merely to uplift Yeshua, who, if he is lifted up, has promised to draw all men unto himself.

No one has ever been converted by an argument

(Newman)

Each man finds in these promises what lies in the depth of his own heart; either temporal or spiritual blessings. . . those who are looking for (temporal things) will find them indeed, but with many contradictions. . . and they find that the messiah did not come for them; whereas those who are looking for G-d find Him, without any contradictions, and find that they are bidden to love G-d alone and that a messiah did come at the time foretold to bring them the blessings for which they ask.

(Pascal)

Based on the evidence, I conclude Jesus is the Son of God, and I am a Christian. What is the argument I use? It is the supreme beauty of the idea that G-d should love us so much that He should take on human form and die in order to save us. This idea is so supremely beautiful that I cannot reject it. For if I reject it, then I am saying that G-d is less beautiful than the Christian idea of Him, and this is blasphemy, since our G-d is supremely good and beautiful.

(AP)

1. Isn't the Virgin Birth a pagan idea?

Actually, the idea of a miraculous birth isn't at all foreign to Judaism. Isaac himself was the result of a miraculous birth, and an intervention in the normal natural cycle, a special choice made by G-d, for a purpose. This was the start of the Jewish people. So it's not too off-the-wall to imagine that if, after all, a messiah figure was to be born, that he, too, might be marked out with some sort of special birth.

There is even a(n intended) parallel here. When Sarah asks (Genesis18:13,14) if she is not too old to have a child, she is told that nothing is too hard for G-d. Likewise, when Miryam (Mary) asks how she can have a child, since she is a virgin, she is told, simply, that with G-d nothing is impossible (Luke 1:37).

Of course, for those who don't want to accept the virgin birth, there has to be another explanation, and this is where the idea of the 'mamzer' ('bastard') comes in. This 'alternative answer' was promulgated right from the very start (see John 8:19 and 8:41, for example, where Yeshua is taunted with 'Where is your father?', and 'We are not illegitimate children'). These dialogues demonstrate that even then, from earliest times, Yeshua's birth wasn't accepted as 'normal'; there was a question about it--but it wasn't an issue that was only tacked on centuries later by pagan influence.

(RP)

2. But didn't many ancient cultures have a concept of a god-man, or a son of the gods (such as Alexander the Great, for example, or Hercules)?

This certainly IS a pagan idea. There is NEVER any suggestion is Christianity that any deity had sex with Mary (the whole notion is blasphemous, even to us); only, that G-d intervened and marked out a child in a special way by having him born without a father. Yeshua is not G-d's physical son; he is G-d's son in the same way that a natural son may resemble his father, or bear his image. (Did Yeshua weep? Then we know that G-d also weeps. Did Yeshua care about the individual? Then we know that G-d also cares about the individual. 'He who has seen me has seen the father'.)

Christians also believe that Yeshua has always existed (as he is supposed to have--see Micah 5:2, for example), not that his life began only in Bethlehem.

Just as G-d's Spirit was hovering over the formless void of the earth, imbuing it with life during the Creation, so, too, was Miryam told that 'the Holy Spirit will come upon you, and the power of the Most High will overshadow you' (Luke 1:35), in the same way.

(RP)

3. We Jews have our own religion! We don't need yours!

The late Roman Brandstaetter (a well-known Polish poet who came to believe in Yeshua) once said, 'Conversion is for pagans.' He said that as a Jew he was never a pagan so he never considered that he had 'converted' into anything (even though he became a member of the Roman Catholic church). A more correct description of the process would be 'Coming to the fullness of G-d's plan'. A Jew who receives his messiah does not repudiate the Torah, but he believes that by following the messiah he is fulfilling the fullest and ultimate meaning of G-d's intent in giving the Torah to Moses. If this is so, then a Jew who receives his messiah does not lose his Jewish identity; rather, it is by doing so that he becomes most fully a Jew.

But suppose we spread this 'good news' about Yeshua to everyone EXCEPT Jews. That would be anti-Semitic in itself, because we would be withholding something that we believe to be good--indeed, the highest good--from the Jews simply because they are Jews.

Let me put it this way: we believe the messiah has come. Would you think highly of us if we kept this secret from you? If we believe that he has come, then it is our duty to inform others of this. Imagine at the last judgment, HaShem asking us, 'So you thought My messiah had come but you didn't bother to tell anyone else about it?' No! If we believe that the messiah has come, then we should not keep such weighty news to ourselves only.

(AP)

4. Didn't Paul invent Christianity?

Paul did not invent it, any more than Einstein 'invented' his theory of relativity; what Paul did was provide the theoretical framework for life under the New Covenant. Jeremiah wrote that the New Covenant would 'not be like' the covenant made at Sinai. Paul showed how the New Covenant differed from Sinai, as well as how G-d could fulfill the terms of the covenant at Sinai and establish a new one.

(BF)

5. Wasn't Paul a self-hating Jew who turned his back on his own people and went to the gentiles?

He says, 'I have great sorrow and unceasing anguish in my heart. For I could wish that I myself were accursed and cut off from messiah for the sake of my brothers, those of my own race, the people of Israel. Theirs is the adoption as sons; theirs the divine glory, the covenants, the receiving of the Law, the temple worship and the promises. Theirs are the patriarchs, and from them is traced the human ancestry of messiah, who is G-d over all, forever praised. Amen. . . Brothers and sisters, my heart's desire and prayer to G-d for the Israelites is that they may be saved. For I can testify about them that they are zealous for G-d, but their zeal is not based on knowledge. Since they did not know the righteousness that comes from G-d and sought to establish their own, they did not submit to G-d's righteousness. '

(Romans (9:2-5; 10:1-3)

(BF)

6. Didn't Paul want to discard Torah altogether?

Absolutely not. What Paul did was show how Torah would be lived under the New Covenant.

(BF)

7. Didn't Paul say it led only to sin?

No, he said the Torah is like a tutor, who takes you by the hand and leads you safely to your destination. It is a guide, a protection, a fence.But staying 'within the fence' of Torah does not itself result in perfection--only in rule-keeping.

(RP)

Paul emphatically declares that Torah does not lead to sin. What Paul says is that through Torah we have knowledge of what sin is. He wrote:

What shall we say, then? Is the law sin? Certainly not! Indeed I would not have known what sin is except through the law.

(Romans 7:7)

In the absence of law, man will do what he pleases and his conscience will be clear. In the presence of law, however, the nature of man comes face to face with the demands of a holy G-d. . . It is not Torah that leads to sin, it is human nature in the presence of Torah that leads to sin.

This is why G-d said that he would make a new Covenant with the house of Israel, and that He would replace hearts of stone with hearts of flesh, and that He would put His Spirit in man. It is only in this way—by a change of our nature--that we can truly live in the presence of Torah.

(BF)

8. Wasn't Paul an uneducated man who understood nothing about Judaism in the first place?

Paul was a student of Gamaliel, who in turn was a successor (and grandson) of Hillel. Some people have doubted this. But let's look at the evidence.

Consider Paul's statement that he was Gamaliel's student, for example. This was made while he was in Jerusalem. He had, along with four other Jews, taken Nazarite vows, and he was in the Temple with fellow Jews who knew him as one who had lived and studied in Jerusalem. While inside the Temple some Jews from Asia Minor (there for Shavuot) recognized him from one of his missionary journeys, and began lying about him, whipping the crowd into a frenzy, and specifically slandering him about bringing Greeks beyond the Court of the Gentiles. The crowd erupted, went after Paul, and Roman soldiers had to restore peace. They arrested Paul, but before being led away, he sought and received permission to speak to the crowd.

Now Paul begins speaking, IN HEBREW, to TEMPLE JEWS, IN JERUSALEM, AT THE VERY HOME AND 'OFFICE" OF GAMALIEL. Would these Jews assembled, listening to Paul's defense--who had been beating him until the soldiers arrived--know of Gamaliel? Might we reasonably presume that a) some Jews in the crowd knew Gamaliel personally?, b) many, if not all, knew him by reputation, and c) because of the ruckus, there were perhaps even some of Gamaliel's fellow Sanhedrin members in attendance? Against this context, examine Paul's statement (Acts 22:3ff):

'Then Paul said, I am a Jew born in Tarsus of Cilicia, but brought up in this city. Under Gamaliel I was thoroughly trained in the Law of our fathers and was just as zealous for G-d as any of you are today. I persecuted the followers of this Way (ie, the followers of Yeshua) to their death, arresting both men and women and throwing them into prison, as also the High Priest and the Council can testify. . .

Now, ask yourself: would Paul have lied about being a student of Gamaliel, to people who KNEW or knew of Gamaliel in, literally, Gamaliel's own backyard? Would Paul invite the testimony of the High Priest and all the Council of the Sanhedrin to back up his statements--if he were lying? His public statement would have been instantly disprovable, if false. How would he have helped his case, his reputation, or his argument to have been caught in such an obvious lie? In fact, it is not recorded that anyone present accused him of lying, either about being a student of Gamaliel or anything else. It IS recorded, however, that his enemies were making up lies about Paul.

Acts 26:4 has Paul in front of King Agrippa, being examined before being sent on to Ceasar. Paul said:

The Jews all know the way I have lived ever since I was a child, from the beginning of my life in my own country, and also in Jerusalem. They have known me for a long time and can testify, if they are willing, that according to the strictest sect of our religion, I was a Pharisee.

Again we see Paul's openess about the way of life he has lived and been known to live since childhood. He again invites testimony as to his Pharisaic background and lifelong commitment to the Law. This would reasonably include public knowledge as to who he had studied with, his position before the

Sanhedrin, and his earlier service to them in persecuting the followers of Yeshua. And again, it is not noted that anyone stood up to accuse him of lying about this.

(SJ)

9. Didn't his conversion experience (i.e., his vision) show that he, too, like so many others of his ilk, was simply mentally unstable?

Can you imagine what would have been said if Abraham had told a psychiatrist that he thought G-d wanted him to sacrifice his son on an altar? Or if Moses complained that he had heard 'the voice of G-d' coming to him out of a burning bush? It's not unusual for G-d to speak to men in a special manner. What is to be noted is whether that encounter makes a change in the person's life afterward. Paul was not the same afterward; he changed from persecutor to persecuted. And the rest of his life followed in the new pattern. That is significant.

(RP)

Paul's conversion is no different from that of others who have been 'born again' through faith in messiah Yeshua. G-d performs radical surgery on those who believe--a new heart and a new spirit--and if this is mental instability, then Hallelujah!

(BF)

10. If Yeshua was the messiah, why wasn't he accepted by the people of his day? Why didn't the Sanhedrin accept him? Some of the greatest Torah scholars lived in his era, and they didn't accept him.

He was also accepted by many of his time---some of the greatest Jews of his time.

(JI)

Some of the Sanhedrin (possibly Joseph of Arimathea, Nicodemus, and Paul, assuming that he was a member) apparently did. But when did the majority in Israel ever go along with anything? In Elijah's time there were only 7,000 faithful left, weren't there? Do you suppose that THEY weren't rejected as 'not of Israel' for being in such a small minority? But they were right. The faithful remnant has always been just that--that's why it's called a 'remnant'.

And some of the greatest Torah scholars of the day accepted a false prophet, Bar Kochba, as messiah. This resulted in Israel's destruction. So, perhaps we can assume that anyone's opinion, even that of a great Torah scholar, may sometimes be wrong?

(RP)

11. Don't you believe in three gods?

There is one and only one G-d. That G-d has a form of existance which is difficult for us to comprehend, and all human attempts at expressing that form fall short, does not change the fact that there is only one G-d.

(BF)

Isaiah sees G-d (Isaiah 6) 'seated upon a throne' while the skirts of His robe fill the Temple. This one is described as '(Divine Name), the L-rd of Hosts', whom Isaiah says he saw with his own eyes (verse 5). Do you think that this figure, seated upon the throne, constituted all that G-d was?

So, G-d can manifest Himself via His Spirit (mentioned many times in Tanach), or in human-like form, and yet not be totally encompassed in either. To remain monotheists, we have to say that this is one G-d, revealing Himself in three Persons, NOT three gods.

(RP)

12. So why did Yeshua say, 'My G-d, My G-d, why hast thou forsaken me?' if he was one with G-d?

It's a pointer to Psalm 22, the one that starts with everything in total disarray, and ends with G-d's victory.

Perhaps his dying words for our benefit?

(BF)

In Genesis 19:24 G-d (Divine Name) rains fire on Sodom from G-d (Divine Name) in heaven--ergo, if He can be in two places at the same time then, on earth and also in heaven, then He could also have been on the cross and in heaven, likewise.

(RP)

13. But don't you also claim that Yeshua was a man? In Numbers 23:19 it says, 'God is not a man'.

Finish the verse. 'G-d is not a man that he should lie. . . ' This does not say, nor does it imply, that G-d cannot become man.

(BF)

By the same reasoning, does the verse which says, "The Lord is a man of war", mean to say, then, that "The Lord is a man?"

(RP)

14. Didn't Yeshua want to abolish Torah as old and outmoded and replace it with something else?

Yeshua came to fulfill, or extend the law to its perfection, not abolish it. In other words, it isn't enough to simply refrain from committing murder; you can 'murder' a person in your heart, so you must not hate, as well. It isn't enough not to commit adultery; you can commit adultery in your heart, as well, with lust. In other words, all the commandments of Torah must be based on love, love for HaShem, first, and love for one's fellows, second. A person who loves in this way will fulfill all the obligations of Torah naturally, and will not need to be bound by any sets of regulations. Neither will he think that blind obedience to any regulations, minus that ingredient of love, is an adequate 'obedience', or pleasing to HaShem.

(RP)

61

When Yeshua was asked what the greatest commandment was, he said: To love the L-rd your G-d will all your heart, and all your mind. The second is like it: To love your neighbor as yourself.

Sounds Torah-observant, doesn't it?

(JI)

15. Isn't the central point of Christianity a human sacrifice (the death of Yeshua)?

Yeshua's death was a substitution, the perfect lamb put in place of the guilty. It was also a self-sacrifice. '. . . I lay down my life for the sheep. . . No one takes it from me, but I lay it down of my own accord.' (John 10:15,18). 'Greater love has no man than this, that he lay down his life for his friends' (John 15:13). 'This is how we know what love is: Yeshua haMoshiach laid down his life for us. And we ought to lay down our lives for our brothers.' (I John 3:16).

(RP)

In short, there is a world of difference between throwing a man on a grenade so that he takes the blast instead of you; and the man throwing himself on the grenade so that he takes the blast instead of you. G-d forbids the former. The Messiah did the latter.

It is also well-documented that soldiers have willingly and happily given their lives so that their buddies might be saved. Are you saying that Judaism disagrees with this?

(BF)

16. But the notion of 'salvation' is just a Christian doctrine, isn't it? It's not a Jewish concept.

Salvation isn't a Jewish concept? I guess I'll have to remove these passages (and many others) from my Tanakh:

The L-rd is my light and my salvation; whom shall I fear? The L-rd is the stronghold of my life; of whom shall I be afraid? (Ps. 27:1)

The L-rd lives! Blessed be my Rock, and exalted be my G-d, the rock of my salvation. (II Samuel 22:47)

Sing to the L-rd, all the earth. Tell of his salvation from day to day. (I Chronicles 16:23)

Our G-d is a G-d of salvation, and to G-d, the L-rd, belongs escape from death.(Ps. 68:20).

So tell me again, just how the Jewish idea of salvation differs from the Christian one?

(BF)

17. Yes, but what are we being 'saved' from?

From death.

(BF)

18. But why do we need this 'salvation'?

Because we couldn't save ourselves.

(BF)

19. No one can die for another's sins!

Ezekiel notes that very point, that no one can die for another's sins. Everyone dies for their own sins. No mere human could suffer in the place of another; that is why we need a more-than-human messiah. But the idea of a substitute sacrifice is woven throughout Judaism, beginning with Abraham and Isaac, the scapegoat on the Day of Atonement, the entire Temple system, and so on. All these are intended to be pictures, or foreshadowings, of what was to come. As it says in Exodus Rabbati, Terumah 35:4:

If ever Israel deserved destruction, then the Temple would be their pledge with G-d. Then Moses said to G-d, 'But what if a day arrives when there is neither a Temple or a Tabernacle? What will be the pledge for them then?' And

63

the L-rd answered, 'I will pick one righteous man from out of them, and use him as a pledge for them, and I will atone for them on account of all their sins.

And that, in a nutshell, is Christianity.

(RP)

20. But where in Judaism do you find the concept of the need for a mediator between G-d and man?

Our Jewish history is full of mediators--the people begged Moshe to go up and speak for them--and he did (and received the Ten Commandments). Does that not sound like a mediator? How about the High Priests who went into the Temple and sacrificed for the people? Mediator there, too.

(JI)

The communal sin offerings in the Temple, in fact, prove the point that a mediator is necessary. The High Priest would first make atonement for himself (the mediator must not be part of the communal sin), and then atonement for all the people.

If individual repentance and making amends is all that is necessary, then why didn't G-d deal with Israel on an individual basis at Sinai? Why did Moses intercede? Why didn't Moses just say, 'OK, G-d. Those that repent--you forgive them. Those that don't repent--wipe 'em out.'

Why was the mediation of Moses necessary then? Why is a mediator not necessary now?

(BF)

21. All that is necessary for forgiveness is repentance and obedience to Torah.

So why did G-d ask for sacrifices as well? Why didn't he just ask for a few prayers to be said?

So why wasn't Moses allowed to just repent and enter the promised land? Why wasn't Achan allowed to repent? Why did Israel suffer exile?

It is because G-d demands perfection that remedies for sin were included in the law. If G-d didn't care about perfection, He wouldn't have added these provisions.

But G-d must balance the books. Your forgiveness must be paid for.

(BF)

Are you better at repentance and obedience than those who lived before you? Better than the generations which had the Temple and the sacrifices? Because when they lived, THEY had to offer sacrifices (and this would include Samuel and David, Hezekiah, Elijah, Joshua, Joel, etc., plus Hillel, the Maccabees, and so on). It's true that David said (Ps. 51:17) 'The sacrifices of G-d are a broken spirit, a broken and contrite heart'; but THEN he goes on to add, that after his spirit has been broken, 'THEN there will be righteous sacrifices, whole burnt offerings to delight you; then bulls will be offered on your altar' (Ps. 51:19). The meaning here is that sacrifices not done in the right spirit will not be accepted. Further, David wanted to build a temple for the L-rd. He would not have planned for this if he had not believed that sacrifices were also necessary.

Of course, our deeds also have a place. People will be rewarded or not on the basis of what they have done. But can anyone be 'good enough' to merit being returned to Eden? G-d is perfection, and holiness; and we cannot live in His presence unless we, too, are made spotless. So it is for THIS cleansing, or perfection, or making clean again, totally, that we need the sacrifices, or what they represent.

(RP)

22. Jews don't believe in 'original sin'.

No, but they do believe that everyone sins, or has sinned. Close enough. And also, that everyone strives against an 'evil impulse', or inclination to do evil; again, close enough.

(RP)

Tell us who is referred to in Psalm 14:3, in that 'all have turned bad, altogether foul; there is no one who does good, not even one.' Tell us who is not included when Isaiah wrote 'all we like sheep have gone astray, each to his own way. . . '

If modern Judaism stressed the fact that everyone has sinned, then all of their efforts to assert their righteousness through obedience, and all of their own efforts to achieve this through their own efforts, would have to go by the wayside, because they could no longer rely on themselves.

(BF)

We aren't in Eden anymore, are we? And there is death now, isn't there? So Adam must have done something. Even infants who have never committed a willful sin die; so this must be part of their inheritance from Adam, not something brought on by their own deeds.

(BF)

If we couldn't keep that ONE rule in Eden, not to eat of the tree, what makes you think we can keep 613 rules NOW? And if violating that ONE rule got us thrown out of the presence of G-d, what makes you think that violating MANY of the 613 rules, MANY times over, will still not prevent us from returning to the presence of G-d?

What tzaddik was ever SO holy in his keeping of those rules that finally G-d said, 'This is enough!', and he got to return to Eden?

(RP)

23. Sorry, but where does being 'born again' fit into the Jewish scheme of things?

But isn't a new heart the central obligation that you have?

Circumcise, then, the foreskin of your heart, and do not be stubborn any longer. (Deut. 10:16).

Circumcise youselves to the L-rd, remove the foreskin of your hearts, oh people of Judah and inhabitants of Jerusalem. . . (Jer. 4:4).

Cast away from you all the transgressions that you have committed against me, and get yourselves a new heart and a new spirit! Why will you die, oh House of Israel? (Ezek. 18;31).

Create in me a clean heart, oh G-d, and put a new and right spirit within me. (Ps. 51:10).

Salvation is not about performance; because your performance only reveals your desperate condition. Salvation is about being bandaged, soothed, and healed.

Are you going to continue to try to put the band aid on yourself, or are you going to go to the Physician who can heal the sick?

(BF)

24. If Yeshua was really the messiah, why isn't there peace yet? Do you see the lion laying down with the lamb?

We know that Messiah will gather the nation of Israel from the four corners of the world. We also know that gentiles will join with Israel and worship the G-d of Abraham, Isaac, and Jacob; for Isaiah wrote, 'My House shall be called a House of Prayer for all peoples'.

But in the midst of this we note that not all worship G-d and that preparations for war will be made. Ezekiel wrote of a time when Israel would be dwelling in peace and safety in unwalled villages, without bars or gate (Ez. 38). And in the 'latter days', armies from the north would descend upon Israel and would be utterly defeated by the L-rd.

Therefore, the expectation of universal peace through Messiah is shown to be at variance with the prophecies in scripture. Universal peace will not occur until this 'final battle' and G-d makes a new heaven and a new earth.

(BF)

. . . So, if the Messiah were to do this mechanically, and by forcing it on humanity, then men would no longer be free, or even men. They would be like dancing puppets, that go limp or dance only when animated. Will the messiah 'force' everyone to be good? If everyone were only turned into a puppet like this, then Jewish history (and all history) would be meaningless. Instead, Yeshua used words like 'leaven' and 'seed' to suggest the way the kingdom of G-d will come, and slowly infiltrate the rest of society, and change it.

(RP)

25. But there is no place in Judaism where G-d assumes a human form!

At Sinai the people all hear the *voice* of G-d. This is on the same level as his assuming a human form, in order to be able to better communicate with us. (Some try to say that it is not considered anthropomorphic for HaShem to have spoken with a voice, because a 'voice'--that is, sound waves--only emanate from a Being, and are not a real representation of Him. But light (or photons) are also only 'emanations', and thus in that case a 'sight' of HaShem would not be anthropomorphic, either.) Certainly, G-d CAN assume such a form, if He wishes. Surely no one would want to claim that this would be beyond His power?

(RP)

26. Isn't the New Testament anti-semitic? Doesn't Yeshua condemn the Jews and call them 'sons of the devil'?

Yeshua calls some of his opponents (in fact, some people who are plotting to murder him) 'sons of the devil' (John 8). It is nowhere a criticism of ALL Jews--in fact, the inference is clear that he is simply calling them 'unJewish". To call someone 'unJewish', that is, to say that they are acting not like a son of Abraham, but rather like a son of the devil, is not a criticism of their Jewishness, but rather an accusation that they are not acting like Jews at all. It was also not unique: Dosa ben Harkinas referred to his own brother as a 'first-born of Satan' because he sided with Bet Shammai in a dispute with Bet Hillel (Yevamot 16a). John the Baptist refers to his opponents as a 'brood of vipers' (Matt. 3:7). This may be equivalent in Hebrew to 'sons of the Snake' (ie, the devil); a similar expression, 'creatures of the Snake', occurs in the Qumran Thanksgiving Hymns IQH3:17. And in Isaiah 1:4, Israel is called the 'seed of evildoers, sons who corrupt'. Therefore, such expressions fit neatly into the milieu of the times.

(RP)

27. Don't the gospels try to pin all the blame for the death or Yeshua on the Jews?

'They will condemn him to death and will turn him over to the Gentiles, to be mocked and flogged and crucified.' (Matt. 20:17)
(Looks like Gentiles do the crucifying here)

'They will condemn him to death and will hand him over to the Gentiles, who will mock him and spit on him, flog him and kill him.'
(Mark 10:33-34).
(Looks like the Gentiles are at work again)

'He will be handed over to the gentiles. They will mock him, insult him, spit on him, flog him and kill him.' (Luke 18:32)
(Gentiles again)

(RP)

Is this why they report he said, 'Father, forgive them, for they know not what they do? There is, in fact, no invective in the New Testament. There are no adjectives--there is no 'wicked, evil Caiaphas', no 'stealthy, crafty Annas', no 'cowardly Pilate'; just straightforward renditions of what everyone did. If the authors of the New Testament had really wanted to, they could have done a much better job of 'fantasizing' things, and of villainizing specific individuals.

(RP)

28. Don't the gospels wrongly assume the Jewish leaders had the power to threaten Pilate?

Elsewhere in his career Pilate attempted to display images of the Emperor inside Jerusalem. One attempt was quelled by a massive protest on the part of the people (See Josephus, 'Antiquities', XVIII, 3.1) . Another attempt was stopped when a delegation visited Pilate.. As Philo records (in 'Letter to Caius'):

Pilate, who was of a stubborn and cruel nature, obstinately refused; and then they (the delegates) shouted, 'Don't cause a revolt! Don't cause a war! Don't break the peace! Insulting our traditions doesn't bring honor to the Emperor. Don't use Tiberius as a reason for insulting our nation! He doesn't want any of our traditions violated. If you claim that he does, then show us a letter or message or something from him, so that we can stop bothering you and appeal to him directly with a delegation.' This last remark frustrated Pilate most of all, because he was afraid that if they really id send a delegation, then they would end up making charges against the rest of his rule also--making careful note of his bribes, his insults, the random injuries, his frequent executions of prisoners without trial, and his limitless barbarities. But because he was so vindictive and spiteful, he could not decide what to do. He didn't want to seem to be trying to please the delegates; but at the same time he was afraid to remove [the shields]. . . But he also knew what Tiberius' policy had always been in such matters. When the delegates saw that Pilate was regretting what he had done [by bringing the shields with the Emperor's portrait to Jerusalem]--though he did not wish to show it--they wrote letters to Tiberius, making out their case as strongly as they could. And how Tiberius cursed, and what threats he used against Pilate once he had finished reading them. It's possible to tell his reaction from what he did next--because he didn't even wait until the next morning to answer them, but he wrote immediately to Pilate, upbraiding and reproaching him repeatedly for his brazeness and ordering him to remove the shields immediately.

Thus, the threat of another appeal, or complaint to Rome, would likely have been of serious concern to Pilate.

(RP)

29. But isn't the whole incident with Barabbas just a fiction? There's no evidence that Roman governors ever released prisoners at Passover!

Josephus records a possibly similar incident. A group of Assasins kidnapped a scribe belonging to the retinue of the High Priest, and held him hostage. This happened JUST BEFORE THE FESTIVAL. They then informed the High Priest that they wanted him to persuade the governor to release ten of their number who were being held prisoner. The governor, Albinus, agrees, and the prisoners are released. (Josephus, 'Antiquities', XX 9.3).

Of course, this doesn't necessarily indicate the existence of a regular custom during a festival, but it is possibly suggestive.

Similarly, there is a mention in the Mishnah (Pes. 8.6) that a seder may be prepared for one 'whom they have promised to bring out of prison' , and who presumably can't prepare one for himself. Some scholars think this presupposes some kind of regular amnesty for Pesach. So, while there isn't proof of a custom, neither is it possible to assume that such a custom 'couldn't' have existed, or 'didn't' exist, or that the release of a prisoner by the Roman governor at a festival period was never practiced.

And one may ask why, if there was no such custom, the writer of a gospel should mention it, since it would be easily disproven by any of those alive at the time who could have very simply refuted it.

(RP)

30. What about, 'His blood be on us, and our children?'

Just before this, Pilate washes his hands. This is apparently in imitation of the Jewish custom (Deut. 21:6-8), in which the elders of a city declare themselves innocent of a murder. After this, they pray, '. . . do not hold your people guilty of the blood of an innocent man'. The crowd, familiar with this, and knowing the usual response, and having been worked into a frenzy, simply shouts back, as a mob will, the reverse of this --in effect, 'yes, we are guilty; put his blood upon us!'. They aren't in the least fear about this, and they do not consider Yeshua to be the messiah. (Compare, 'Father, forgive them, for they know not what they do'.)

(RP)

The intent of the author of Matthew is to portray Yeshua as the lamb of Passover. When the Angel of Destruction saw the blood on the doorposts of the houses of the people of Israel, he passed over them. In this 'second' Passover, all the principals, from the High Priest on, play their expected roles. Yeshua dies exactly at the right moment during the sacrifice of the unblemished lamb in the Temple. And the people cried out, 'His blood be on (or over) us'; ie, the blood of the lamb of Passover be over us. This is the only possible intended meaning given the setting of the rest of the narrative. Again, ripped out of its Jewish context, the passage looses its meaning and can be (as it has been) misinterpreted by anyone to suit their own purposes. (But anti-semites should not be allowed to force their interpretation of scripture onto the rest of the world.)

(RP)

31. So who did cause 'that man' to be put to death?

G-d.

(BF)

32. It's been 2000 years. How much longer do we have to wait?

In fact, this question is applicable to both Jews and Christians. Jews have been waiting for the advent of the messiah longer than Christians have been waiting for his return.

(BF)

33. Listen, missionaries prey on the weak and the uneducated, and those who feel unsatisfied with their lives.

Same as a doctor especially looks for those who are sick.

(JI)

34. Missionaries will always try and take a verse out of context; and if you call them on it, they'll switch to another verse. They'll try and drown you in information, but they won't answer your questions.

The Tanakh contains so much Messianic wealth that it would be idiotic and downright deceitful for a believer to try and get your mind off the verse in question. In fact, he wouldn't be a true follower of the Truth, whose name is Yeshua.

Apply the same touchstone to the words and actions of anybody you question, priest, pastor, or rabbi. Keep on your guard so that you are not deceived, and pray that G-d will reveal Himself to you. It's always warm and comfortable to believe what you are told. It takes guts to stand up and say, 'Enough! I'm getting two opposing opinions! One is wrong and I'm going to find out for myself which it is!' Ignorance in life-affecting matters is not bliss. Admit it when you are ignorant of a matter, and then go and check the Tanakh to see what G-d (not some rabbi/pastor) says on the matter. Ultimately the decision is between you and G-d. Make sure you consult Him in the process.

(JI)

35. Missionaries will usually hide their true intent at first to put you off your guard.

Take it from a Messianic Jew: We have NOTHING to hide. The reason I believe in is because He is the Way, the Truth, and the Life. I'm not out to make a buck 'saving' Jews. In the first place, there is only One who can save anybody: the Savior of the world. Secondly, I get nothing for telling people that I'm in love with the G-d of this universe. (Wait, let me take that back. I do get a lot of things for spreading the Good News: a lot of insults and threats. Still, for the few who find the Life I discovered, it makes it worth all the trouble.)

(JI)

36. In Judaism, we believe that repentence and good works are all that is required; not 'being born again', or 'sacrificed for' by anyone's death.

You see, that's the problem. You think that some people are actually better than others. You think that there are some people who actually merit heaven (yourself included, I assume). You are forced to ignore, or explain away, clear scriptures to the contrary.

The Jewish position on this is no different from the position of every other major world religion--except from Christianity.

Did G-d command Adam to exercise dominion over this world? Yes. Did Adam fall and fall so hard that man can no longer carry out that command? Yes. In fact, did Adam make such a mess of things that it would require the direct intervention of G-d to straighten it out? Yes.

Judaism is a religion, like every other religion which postulates the existence of a Supreme Being, whereby man makes himself presentable to G-d. Whether through obedience to Torah, adherence to 8-fold way, or just by being a 'good person' (as opposed to the obviously 'really bad' people)--they all have this theme in common. And this is a shame, because the Tanakh is full of examples of the way things really work---G-d reaching down to man.

You didn't have the Torah--He gave you the Torah.

You didn't have food--He gave you manna.

You didn't have water--He gave you water from the rock.

You didn't have a leader--He gave you Moses.

You were stuck in slavery--He brought you out.

You were scattered because of your disobedience--He will bring you back, not because of anything you do, but because of His promise to Abraham.

Whether it's Judaism, Islam, Buddhism, or anything else, it's all the 'hamster wheel that leads to heaven', the endless circle of effort but never any progress.

G-d wants to lift you out of the hamster cage and clasp you to Himself.

Except that there is still the small matter of sin. You need righteousness. Given G-d's track record (as above), how do you think He will accomplish this?

The question is not, 'What is the Jewish view?', or 'What is the Christian view?', but rather, what does Tanakh say? (See Isaiah 57:12, 'I will declare your righteousness and your works; they will not help you.')

Repentance alone was not enough when:
    Adam was not permitted to remain in the garden;
    Esau was not permitted to repent and retain his birthright;
    Moses was not permitted to repent and enter the promised land;
    Aachan was not permitted to repent;
    David was not permitted to repent and build the Temple.

Something more is needed.

(BF)

PRAYER

O GOD OF ABRAHAM, ISAAC, AND JACOB,

SHOW ME THE TRUTH ABOUT MESSIAH, AND THE WAY OF

SALVATION FOR YOUR PEOPLE, ISRAEL.

Rabbis Talk About Their Messiah

Rabbis Talk About Their Messiah

Rabbi Max Wertheimer

"I began reading the New Testament and comparing it with the Old. Many passages were read, studied, and meditated upon. One made a definite impression, the fifty-third chapter of Isaiah, eleventh verse, 'By his knowledge My righteous servant shall justify many, for he shall bear their iniquities'. Here was the only mention of that phrase, 'My righteous servant', I could find. It is found nowhere else in the scriptures. It says elsewhere, 'David, My servant', 'Isaiah, My servant', 'Daniel, My servant', but here it says, 'My righteous servant'. I said to myself, 'Who is that righteous servant?' I argued, 'Whoever that righteous servant is, he is not Israel, because the prophet declares Israel to be 'a sinful nation, laden with iniquity, a leprous nation.' (Isaiah 1:4) I decided it must be Isaiah. But in Isaiah chapter 6 I found it could never be the prophet, because he confesses he is a guilty sinner and a man of 'unclean lips'. Then I began to study the context of Isaiah 53. In Isaiah 50:6 I found, 'I gave my back to those who beat me'. I pondered that. Who gave his back to those who beat him?

76

When and why was he struck? Who struck him? Further, I read, '[I offered] my cheeks to those who pulled out my beard.' And still further, 'I did not hide my face from mocking and spitting'. What did all this mean? Who had been so abused? When? Why? I studied more prophecies. In Psalm 110:1 it is written, 'The Lord said to my Lord, Sit at My right hand until I make your enemies your footstool.' Here was David himself, speaking of his own descendant and calling him 'Lord'. How did he get up there? Why didn't God explain? Why didn't he speak so plainly to Israel that every Jew could understand?

I was faced with the doctrine of the Trinity. We Jews say, 'Listen, Israel, the Lord our God, the Lord is one'. The word used for 'one' in the Hebrew is 'ehad'. On that word the doctrine of the oneness of God is rooted, and the entire philosophy of modern Judaism is based. The rabbis have taught for generations that the word 'ehad' means an absolute, indivisible 'one'. But--I could not believe it--my teaching was wrong! I began to study the word, and I discovered that it meant, not an absolute 'one', but a composite 'one'. Let me illustrate: Adam and Eve together became one ('ehad') flesh. Moses sent twelve spies into Canaan, and they returned with one ('ehad') cluster of grapes. When the tribes of Israel went to battle against Benjamin because of the wickedness done in Gibeah, the Hebrew says that the 400,000 warriors were 'together as one man', that is, as 'ehad' (Judges 20:11). Here again there is a composite 'one'--that is, there were thousands of them, but all acting as one. These and many other examples in the scripture show that 'ehad' does not always have the meaning of an 'absolute one'.

I was convinced of the truth in the Messiah Jesus. As a rabbi I had yearned to give to the bereaved some hope on which to lean, but how could I give that which I did not possess? I gave sympathy,but in times of heartache and grief and tragedy, sympathy is little comfort. But to the heartbroken how satisfying and glorious are the words of Jesus, 'I am the resurrection and the life; he that believes in me, though he die, yet shall he live; and whoever lives and believes in me shall never die.' (John 11:25,26)

Rabbi Chil Slostowski

"One day I was traveling by train from Haifa to Jerusalem, with several companions from a rabbinical seminary. Opposite me in our compartment was a young man reading a book. On the cover I could see very clearly the words, 'New Testament', in Hebrew. At once I knew that he was a Jewish Christian--Jewish, because he could read in Hebrew, and Christian, because he was reading the New Testament. Since I was with my companions, I felt obliged to protest. I criticized him severely and made my position known as a rabbi. To my surprise the young man did not become angry but smiled at me and said, 'Perhaps you will show me what you find offensive in this book?'

"I had read a little in the New Testament and I knew there was nothing repugnant in the book. What annoyed me at that moment was the presence of my fellow travelers. I had to give the young man a suitable reply so as not to lose my friends' respect.

"That was why I said to him, 'How can I show you wrong statements in a book which we are forbidden to read?' He answered, 'How can you criticize and judge something of which you have no knowledge? First read the book, please, and then you will see that there is nothing whatever in it that could be criticized.' I remained silent, for what could I have said?

"That same evening I began reading the New Testament in my room in Jerusalem. Before opening it, however, I had prayed, 'Open my eyes, that I may behold wondrous things out of your Law' (Psalm 119:18). In God's grace the Lord heard my prayer and showed me wondrous things which I had never seen before. Like a thirsty man drinks greedily when he has found a spring of fresh water, so I drank in page after page; in one long session I read the gospels of Matthew, Mark, and Luke, until I noticed the clock--3 A.M.!

"With every page there grew and deepened the conviction that Jesus is the Messiah prophesied to us Jews. Slowly but surely my burdened heart, soul and spirit became joyful. Certain passages of the scriptures attracted me in a special way and I can still recall many of them. The Sermon on the Mount opened up before me a new world, a world full of beauty and glory. The Proclaimer of such a lovely world cannot be evil, no matter what the Talmud says. The words, 'Heaven and earth shall pass away, but my words shall not pass away,' could have been spoken only by God himself or by a madman. And from the answers that Jesus gave the scribes and Pharisees, it is abundantly clear that he was not a lunatic but, on the contrary, exceptionally wise. I was also deeply impressed by Luke 23:34, 'Then Jesus said, Father, forgive them, for they know not what they do.' Compare this with the words of Jeremiah when he was oppressed. Jeremiah was enraged and cursed his persecutors. Jesus, even when on the cross, had

78

nothing but forgiveness, mercy, sympathy, and prayer for his persecutors. What a difference! How much greater than the prophets he was!

"My heart was so touched by what I had read that, although it was three o'clock in the morning, for the first time in my life I knelt down and prayed; for we Jews pray standing and not kneeling. I cannot say how long I prayed. I wept and implored God for light. I begged him to show me the truth. And for the first time, I prayed in the name of Jesus.

"After that prayer there came into my heart such peace and joy as I had never experienced before, not even on the Day of Atonement although on that day I always fasted and prayed fervently. Never before did I have such certainly of reconciliation with God as I felt then and as, thank God, it remained with me ever since. I knew and had no doubt whatever that Jesus is the long-promised Messiah of the Jews and the Savior of the world, and I came to see in him my personal Redeemer."

Rabbi Jacobs

Dr. Bell, a pastor of a church in New York, became friends with the rabbi of a local synagogue. He always greeted him warmly and even attended a service at the synagogue. In turn, he invited the rabbi to attend a service at his church. Rabbi Jacobs answered kindly that although he was curious to see a Christian service, it would be wrong for him to attend a church; no Orthodox Jew should do so. However, one Sunday morning he did venture to go to the morning service.

At first he was uncomfortable because men and women, and whole family groups, were sitting together, unlike the Orthodox practice. He felt like leaving at once, but remained, interested in the singing of the congregation. He was pleased when the pastor read from the 35th chapter of Isaiah, and also when a Psalm was sung. Then Dr. Bell uttered a prayer. The rabbis read their prayers, but here the rabbi heard for the first time a spontaneous prayer, including petitions for individuals, families, nations, and even for the Jews. This surprised him. Before this he had thought that all Christians hated and despised the Jews;

here, however, they prayed for God's blessing on them. This impressed him deeply. The text of the sermon was Jesus' gracious invitation, "Come unto me, all you who labor and are heavily burdened, and I will give you rest." The pastor said that no prophet, no poet, no king had ever ventured to utter such words; that only Jesus alone had the power to satisfy every heart, to offer to everyone freedom from care, from sorrow, from fear and sin.

The next day the pastor offered the rabbi a copy of the New Testament. Rabbi Jacobs again replied, that no Orthodox Jew was allowed to read that book. "Why not?", asked Dr. Bell. "Most of it was written by Jews. It contains the message of the God of Israel, and, as God appeared in human form to Abraham, so did he also appear in the person of Jesus of Nazareth."

At home the rabbi looked at the New Testament with some dread. Before opening it, he prayed that God might protect him from evil. While turning over the first few pages, he noticed Jewish names: Abraham, and Isaac, and Jacob. Jerusalem and Bethlehem were also mentioned. Eventually, he came to see that the prophet from Nazareth was indeed the promised Messiah of Israel, who fulfilled all the prophecies.

His own heart was now aglow with love for his Messiah. He felt that he must now declare this truth to his own congregation, although he foresaw the result. At a meeting with his elders he told them that what he now believed. This news startled them. They thought he was mad or possessed. He wanted to explain his faith, but they refused to listen. Soon a storm of bitter persecution broke out, and he was forced to give up his position and even to leave that part of the city. Eventually, he made his way to what was then Palestine, in order to preach the truth about the Messiah.

His heart's desire was that his own people should come to know the saving truth: "As Moses lifted up the serpent in the wilderness, even so must the Son of Man be lifted up; that whoever believes in him my have eternal life. For God so loved the world that he gave his only begotten Son, that whoever believes in him should not perish, but have eternal life." (John 3:14-16)

Rabbi Philips

Rabbi Philips was descended from a pious family, and later became rabbi of a synagogue in New York. He was well-versed in all the books of the rabbis--the Mishnah and the Gemara, the Midrash Rabba and the Targum, and various other writings. Yet nothing satisfied the longing of his heart. Finally he came to read the New Testament. He was surprised. He had expected to find in it a fountain of pride, selfishness, hatred, and violence against the Jews. Instead he found only love, humility, and peace. Instead of stones he found pearls. After reading it he could understand the narratives of the scriptures; he understood why Abraham was asked to offer up his beloved son, Isaac; why the Temple sacrifices and the Feasts of the year had to occur in certain ways; why the lamb had to be slain at Passover. Just as God guided Israel through the wilderness by a pillar of fire, so now he saw in Jesus the Guide who leads us on the way of salvation.

His friends did not understand, and explained that he was in error; people asked him how much money he had been paid in order to become a Christian, and they turned away from him, causing him much pain. Even his own mother wrote to him, "You are no longer my son! You have deserted your father's religion and the synagogue for the deceiver, Jesus!". This also wounded him deeply, although he knew that a Jew has to give up everything when he decides to follow Jesus.

Yet the more his people hated and despised him, the more fervently he loved them and prayed for them. His one desire afterwards was that his own people should also realize, as he had, the one who was the savior of Israel and her true Messiah.

Rabbi Gurland

Rabbi Gurland was the son of a zealous rabbi in Vilna. One day he agreed to give lessons to a pastor, who wished to learn the Hebrew tongue. He read aloud to the pastor from the Hebrew bible, once a week, so that the pastor could improve his understanding and knowledge of the language. But when they came to the fifty-third chapter of Isaiah, the rabbi asked the pastor to permit him to avoid that chapter. The pastor agreed, but said that he would pray for the rabbi, that he would find the courage to investigate God's truth for himself. From that time on, the rabbi could not stop thinking about that chapter; and he felt it would be cowardly to be afraid to know what God had revealed in it.

Finally he agreed to read the chapter aloud to the pastor. But first, the pastor then asked to be allowed to read from the New Testament, the account of Jesus' sufferings. After that, they read the from the fifty-third chapter of Isaiah--which was written more than 700 years before Jesus was born. The rabbi had to admit that the chapter was a perfect picture of what had happened to Jesus. Over time he studied more, and the more he studied, the more he became convinced that, despite all he had been taught, Jesus was indeed the promised Redeemer of Israel.

There was turmoil when it was announced that Rabbi Gurland was to be baptized, and thus publicly confess his belief that Jesus was the Messiah of Israel. Many Jews were so enraged that they wrote to him that his baptism would be a disgrace and a disaster for the Jews. They even warned him that some were so angry that his life might be in danger as a result. When the pastor asked him if, therefore, he would like to be baptized privately, instead of inside the church, he answered, "No. Jesus is a living, mighty Savior. He can protect me. If he does not, then I am willing to suffer, and even to die, for him."

When the day for the baptism came, there was great turmoil. The church was filled. Both Jews and Christians had turned out to see what would take place. The rabbi gave a short sermon, in which he explained how he had read the 53rd chapter of Isaiah, and then compared the descriptions there with those he found in the New Testament about the trial and sufferings of Jesus, and that as a result he believed Jesus to be the fulfillment of those prophecies. During the baptism and the rest of the service, everything remained perfectly quiet. Jesus once calmed the raging sea; now he calmed raging hearts. After the service, an elderly woman told the rabbi, "For 18 years I have prayed to God and pleaded with him to save your soul."

The rabbi's life after this was very difficult, but he continued to preach and to try to show his people the truth about their Messiah and the way to salvation.

Rabbi Levy

"I had found a clear portrait of the Messiah in a small book which I got into my hands. It was my first introduction to the New Testament. I started reading it like any other book, from the beginning, 'The book of the generation of Jesus the Messiah, the son of David, the son of Abraham', and I found to my amazement that I was reading a Jewish book, about a Jew. By reading it carefully I came to the conclusion that Jesus was a Jew of the people of Abraham and David; that he was born of a Jewish woman in the Jewish town of Bethlehem.

"Because he knew the Law and the Prophets I followed him on his journeys through the Land. I listened to his beautiful sayings and teachings, observed and admired his compassion and healings. It became my spiritual food. His promise of forgiveness of sins and eternal life to those who believe in him drew me until I trusted him as my Messiah and my personal savior.

"I want to confirm the fact that my heart does not condemn me for my new belief, because I feel that I am still a Jew and shall always be a Jew. I have not renounced the inheritance of Abraham, Isaac, and Jacob. Like Paul I can say, 'Are they Hebrews? So am I. Are they Israelites? So am I. Are they the seed of Abraham? So am I.' (II Corinthians 11:22) Thus I repeat with pride his declaration, 'I am not ashamed of the gospel of the Messiah; for it is the power of God for salvation, to every one that believes; to the Jew first, and also to the Greek.'" (Romans 1:16)

Rabbi Charles Freshman

Hidden in his desk was a neatly bound edition of the Old and New Testaments. He had acquired it years before. He never looked into it. When he came to Quebec and unpacked his books, he found this among them, which he thought he had left behind in Hungary. So he took it and locked it up among his private papers, lest his own wife or children or some of his congregation find out that he had such a book in his possession. He felt like a guilty person because he did not destroy it at once.

One day, however, he unlocked his desk, took out the book and went into his library, locking the door securely. Then, safe from all interruption and disturbance, he opened the New Testament. After a very short time he threw it away in disgust, saying, "This cannot be". Soon, however, he took it up again, read for awhile, and then threw it away again. So he continued for about an hour. Finally he became so upset that he threw it onto the floor with great violence and several pages were torn from their places. In a moment he was seized with remorse, and he replaced the loose pages and then returned the book to its hiding place in his desk, deciding never to look into it again.

But he had no peace. He could scarcely perform his proper duties in the synagogue. At last he decided to study the prophets, especially those having to do with the coming of the Messiah. Finally, he reached the conclusion that Jesus was indeed the promised Redeemer. He called in his wife and told her of his decision. She began to weep bitterly; and the older children, learning of this, also began to weep. The members of his congregation, when they learned, declared that he must be insane and dangerous, and some of them proposed that his wife should leave him. His friends avoided and forsook him, and a story was circulated that he had received ten thousand dollars for renouncing his faith. But he continued to read the New Testament; and one by one, the members of his own family also came to see that Jesus was the fulfillment of the words of the Prophets; and Rabbi Freshman continued to bear witness to his own people until his death.

Rabbi Berg

While recovering in the hospital from a serious operation, the rabbi had a nurse who believed in Jesus. She spoke with the rabbi about Jesus, and how he fulfilled the messianic prophecies--he had been born in Bethlehem, and how he was the King of the Jews. The rabbi did not like to hear this, and he did not wish the Bible she brought him, which contained both the Old and New testaments together, even to be placed on his bed. But she left the Bible with him, and eventually he began to read from it. Never before had he seriously examined the life of Jesus. Now he seemed to be in a new world. He came to admire Jesus; finally, he decided that Jesus was indeed the Messiah.

He talked about his new discovery with the members of his congregation who came to visit him. They were shocked and thought that his illness must have affected his mind. They were very distressed, because they thought highly of him. Finally they wrote to him that, although they had honored and loved him as their rabbi, they had come to the painful decision to refuse him admission to the synagogue, because of his belief in Jesus.

After this, no one visited him, not even his wife, nor any of his relatives. But he had anticipated this; he knew that all his friends would turn against him. At times afterwards he felt almost overwhelmed in his grief and sadness. But Jesus was near to him as a Friend, his Comforter, and his Strength. His sorrow was turned to joy, and he could say as the Apostle said, that he considered whatever he had to be lost, if he could gain Christ.

Rabbi Isaac Lichtenstein

"Mockery, scorn, and all manner of humiliation have been our fate at the hands of 'Christian' chlidren. I still remember the stones thrown at us as we left the synagogue, and how, when bathing in the river, and powerless to prevent it, we saw them throw our clothing into the water, with laughter and insults.

"Once with sorrow and weeping I saw my father felled to the ground without the least hesitation. . . It is no wonder that I came to think that Jesus himself was the plague and the curse of the Jews--the origin and promoter of our sorrows and persecutions.

"By God's grace I one day took in hand a New Testament, which had lain for some 30 years unused in a corner. I did not know the greatness, the power and the glory of this little book, formerly a sealed book to me. All seemed so new. . . From every line, from every word, the Jewish spirit streamed forth: light, life, power, faith, hope, love; limitless, indestructible faith in God; pity, gentleness, consideration for others; all these were to be found pervading this book. Every noble principle, every pure moral teaching, all the virtues with which Israel was adorned in her prime, I found in this book refined and simplified, and that in it there is a balm for every soul, and healing for every moral hurt. "

For two or three years Rabbi Lichtenstein kept his new beliefs to himself. He began, however, to preach strange and new doctrines in his synagogue, which both interested and astonished his hearers. At last he could hold himself back no longer. He preached openly one Sabbath from the New Testament, and spoke of Jesus as the true Messiah, the Redeemer of Israel.

An uproar followed. Eventually he was ordered to appear before a council of rabbis in Budapest. On entering the hall, he was greeted with cries, "Retract! Retract!"

"I will gladly retract, " he said, "if you can convince me that I am wrong."

Finally a compromise was proposed. Rabbi Lichtenstein could believe whatever he wished, as long as he kept his own beliefs secret ; his "confession" about Jesus could be declared to have been made while he was temporarily out of his mind. The rabbi answered indignantly that he would never agree to such; that he had found in the New Testament the "true Judaism", and that he would continue to preach it wherever he was.

He declared to all, "I will remain among my own nation. I love Jesus, I believe in the New Testament, but I am not drawn to join Christendom. Just as the prophet Jeremiah, after the destruction of Jerusalem, in spite of the generous offers of Nebuchadnezzar and the captain of his army, chose rather to remain and lament among the ruins of the holy city, and with the despised remnant of his people, so will I remain among my own brothers, as a watchman from within and to plead with them to behold in Jesus the true glory of Israel."

Some Classical Jewish Commentary on the Meaning of Isaiah 53

Some Classical Jewish Commentary on the Meaning of Isaiah 53

MOSES EL-SHEIK (AL SHEK) (16th century)

The verses in this Chapter are difficult to fix or arrange in a literal manner, so that the various parts, from the beginning to the end, may be combined and connected together closely. . . I see the commentators going up and down over these portions, yet not agreeing about the subject to which they refer, nor unraveling the words in any simple plan.

I, therefore, in humility, come after them; not with any sense of the wisdom that I am about to speak, but merely with the intention of showing the meaning with a clear method, in agreement with the literal sense of the text--such as ought to be used by anyone who wishes to correctly connect the several words and sections, and determine what interpretation is legitimate and what not.

I may remark, then, that our rabbis with one voice accept and confirm the opinion that the prophet is speaking about the King Messiah, and we shall also adhere to the same view; for the Messiah is of course David, who, as is well known, was "anointed", and there is a verse in which the prophet, speaking in the name of the Lord, says expressly, "*My servant* David shall be king over them" (Ezekiel 37:24). The expression *"My servant"*, therefore, can correctly be referred to David; for from what is explicit in one place we can discover what is hidden or obscure in another.

Our rabbis say that of all the suffering which entered into the world, one third was for David and the fathers, one third for the generation in exile, and one third for the King Messiah. If we examine the meaning of this saying, we shall see that there are punishments for wickedness, and also punishments of love--these latter are endured by the righteous for the wickedness of his own generation.

. . . But see now the mercy of God: after we had individually gone astray, he might have been expected to punish us individually also; yet the Lord did not consider this, but counted us as one man, adding up *"the iniquity of us all"* together, and causing it to be placed upon this Righteous One, who was therefore able to carry the whole of it--which would not have been the case had each one's iniquity been counted up against himself. (Isaiah 53:6)

YEFETH BEN ALI   (10th century)

As for myself, I am inclined, with Benjamin of Nehawend, to regard it as referring to the Messiah, and as opening with a description of his condition in exile, from the time of his birth to his accession to the throne.

The expression "*My servant*" is applied to the Messiah as it is applied to his ancestor in the verse, "I have sworn to David My servant" (Psalm 89:4).

. . . By the words, "*surely he has carried our sicknesses*" (verse 4), they mean that the pains and sicknesses which he endured were deserved by them, but that he bore them instead. The words, "*yet we did not esteem him*", show that they thought him afflicted by God for his own sins, as they distinctly say, "*smitten of God and afflicted*".

And here I think it is necessary to pause for a few moments, in order to explain why God caused these sicknesses to afflict the Messiah for the sake of Israel. We say that God makes known to the people of their own time, the excellence of the prophets who intercede in a period of adversity, in two ways. First, while Israel's empire lasted, it was shown in prayer and intercession, as in the cases of Moses, Aaron, Samuel, David, Elijah, and Elisha, whose prayers for the nation were accepted by God. Second, in a time of captivity and extreme wickedness, though their intercession showed no such traces as these, yet the burden of the nation's sins was lightened; such was the case with Ezekiel when God obliged him to sleep 390 days on his left side and forty on his right (Ezekiel 4:4). He carried on the first occasion the iniquity of Israel, and on the second the weight of that of Judah. The nation deserved from God greater punishment than that which actually came upon them, but not being strong enough to bear it (as Amos says, "*O Lord, forgive, I beseech you; how can Jacob endure, for he is small?*", Amos 7:2) the prophet had to alleviate it.

Since now at the end of the captivity there will be no prophet to intercede at the time of distress--the time of the Lord's anger and of his fury--God appoints His Servant to carry their sins, and by doing so lighten their punishment in order that Israel might not be completely destroyed. Thus, from the words, "*he was wounded for our transgressions*", we learn two things: first, that Israel had committed many sins and transgressions, for which they deserved the indignation of God; and second, that by the Messiah bearing them they would be delivered from the anger which rested upon them, and be made able to endure it, as it is said, "*And by associating with him we are healed.*" (verse 5)

. . . It was said, "*The Lord laid on him the iniquity of us all*", and the prophet repeats the same thought here, saying that God was pleased to wound and sicken him, though not because of any sin of his. The prophet next says, "*When his soul makes a trespass offering*" (Isaiah 53:10), indicating thereby that his soul was compelled to take Israel's guilt upon itself, as it is said, "*And he bore the sin of many*" (Isaiah 53:12).

THE ZOHAR

The children of the world are members of one another. When the Holy One desires to give healing to the world ,he smites one righteous man among them, and for his sake heals all the rest. Where do we learn this from? From the saying, *"He was wounded for our transgressions, bruised for our iniquities"*, in other words , by the shedding of his blood--as when a man bleeds his arm--there was healing for us--for all the members of the body. In general a righteous person is only smitten in order to procure healing and atonement for a whole generation.

MOSES KOHEN IEN CRISPIN   *(14th century)*

I am pleased to interpret it, in agreement with the teaching of our rabbis, about the King Messiah, and will be careful, as far as I am able, to adhere to the literal meaning; thus, perhaps, I shall be free from the forced and far-fetched interpretations of which others have been guilty.

"Surely our sickness he has carried" (verse 4). These words explain the cause of his sufferings; they will all come upon him on account of the grief and sorrow

which he will feel for the sickness caused by our sins. It will be as though he carried all the sicknesses and punishments which fall upon us. Or, perhaps, "*carry*" may mean take away, or to forgive, as in Exodus 10:17; from his pity and his prayers for us he will atone for our sins. *"And our pains he has borne"*, as a burden upon himself; all the weight of our pains he will carry. . . *"And we esteemed him stricken, smitten of God, and afflicted"*. We shall not believe that there could be any man ready to endure such pain and grief as would so disfigure him, even for his children, much less for his people. It will seem clear to us that such terrible sufferings must have come upon him as a penalty for his own many sins and errors; and therefore we shall consider him "*smitten of God*". But it is not so; they are not a penalty sent from God, but *"he was bruised for our transgressions"*--pangs, like labor pangs, will seize him because of the distress that has come upon us for our transgressions. *"And by union with him we are healed"*. Although he is in the most extreme distress from pain and sickness, yet by union and nearness to him, we are healed from all the diseases which our afflictions cause. God will have mercy upon him and, by sparing him for the sake of his sufferings endured on our account, heal us.

Like sheep which have no shepherd, and which wander everywhere on the plain, so we were wandering in our own works and ways, each going after his own business, and no one cared for the service of God. Our iniquity was too great to be forgiven, and because in our exile we had incurred the most extreme penalty, it was as though this penalty, which was deserved by all of us, had been laid by God upon him.

This prophecy was delivered by Isaiah by divine command for the purpose of revealing to us something about the nature of the future Messiah, who is to come and deliver Israel, and his life from the day he arrives at the age of discretion until his advent as a redeemer, in order that if anyone should arise claiming he is the Messiah, we may consider, and look to see whether we can observe in him any resemblance to the traits described here. If there is any such resemblance, then we may believe that he is the Messiah our righteousness; but if not, then we cannot do so.

MOSES BEN MAIMON (MAIMONIDES)

What is to be the manner of the Messiah's advent, and where will be the place of his first appearance? He will make his first appearance in the land of Israel, as it is written, *"The Lord whom you seek will suddenly come to His Temple"* (Mal. 3:1); but as to the manner of his appearance, until it has taken place, you cannot know this, not so that you could say that he is the son of a specific person, or to be from the family of that person. There shall rise up someone whom no one has known before, and the signs and wonders which they shall see performed by him will be the proofs of his true origin. For the Almighty, when he declares to us his mind upon this matter, says, *"Behold a man whose name is the Branch, and he shall branch forth from his place."* (Zech. 6:12) And Isaiah speaks similarly of the time when he will appear, without his father or his mother or family being known, *"He came up as a shoot before him, and as a root out of dry earth"* (Isaiah 53:2) etc. But the unique phenomenon attending his manifestation is, that all the kings of the earth will be thrown into terror at the fame of him---their kingdoms will be in consternation, and they themselves will be trying to figure whether to oppose him with arms, or to adopt some different course; confessing, in fact, their inability to contend with him or ignore his presence, and so confounded at the wonders which they will see him work, that they will lay hands upon their mouth; in the words of Isaiah, when describing the manner in which the kings will pay attention to him, *"At him kings will shut their mouth; for that which had not been told them have they seen, and that which they had not heard they have perceived."* (Isaiah 52:15)

YOSEF ALBO

Sometimes, too, misfortunes come upon those who are righteous not as a punishment, but for the sake of a whole nation, so that atonement might be made for it. This is because the Almighty takes pleasure in the preservation of the world, and knows that the righteous will bear his sufferings cheerfully, without quarreling with his judgments. Therefore he brings sufferings upon the righteous, as a compensation for the evil [otherwise] destined to afflict a whole people, in order that in this way it may be averted. This is what our rabbis mean by their saying (Moed Katan 28a), "*The death of the righteous makes atonement*".

THE MIDRASHIM

"Come here" (Ruth 2:14)--this refers to the King Messiah. "Come here", come near to the kingdom. "And eat of the bread", that is, the bread of the kingdom; "and dip your morsel in the vinegar"; this refers to the sufferings, as it is said, "But he was wounded for our transgressions, and bruised for our iniquities." (Isaiah 53:5)

(Ruth Rabba 5,6)

Rabbi Huna said in the name of Rabbi Acha, "The sufferings are divided into three parts; one for David and the Patriarchs; one for our own generation [in exile]; and one for the King Messiah, and this is what is written: "He was wounded for our transgressions" (Isaiah 53:5) And when the hour comes, says the Holy One--blessed be He!--I must create him a new creation, even as it is said, "[You are My son]; this day I have begotten you." (Psalm 2:7)

(Midrash Tehillim on Psalm 2, and Midrash Samuel chapter 19; with the readings of the Yalkut II, 620)

LITURGY FOR THE ADDITIONAL SERVICE FOR THE DAY OF ATONEMENT

Our righteous Messiah has left us, horror seizes us, and
   we have no one to justify us.
He has borne the yoke of our sins, and our transgression.
He bears on his shoulder the burden of our sins,
   that he may find pardon for all our iniquities.
We shall be healed by his wound.
O Eternal One, it is time that you should create him anew!

(Eleazor ha-Kalir, 9th century, perhaps older)

THE BABYLONIAN TALMUD

The Messiah--what is his name? . . . The rabbis say, "The Leper of the House of Rabbi is his name, as it is said, 'Surely he has borne our griefs. . . yet we did esteem him stricken, smitten of God, and afflicted.' (Isaiah 53:4)

(Sanhedrin 98b)

Isaiah 53

1.

Who hath believed our report? and to whom is the arm of the Lord revealed?

2.

For he shall grow up before him as a tender plant, and as a root out of a dry ground: he hath no form nor comeliness; and when we shall see him, there is no beauty that we should desire him.

3.

He is despised and rejected of men; a man of sorrows, and acquainted with grief: and we hid as it were our faces from him; he was despised, and we esteemed him not.

4.

Surely he hath borne our griefs, and carried our sorrows: yet we did esteem him stricken, smitten of God, and afflicted.

5.

But he was wounded for our transgressions, he was bruised for our iniquities: the chastisement of our peace was upon him; and with his stripes we are healed.

6.

All we like sheep have gone astray; we have turned every one to his own way; and the Lord hath laid on him the iniquity of us all.

7.

He was oppressed, and he was afflicted, yet he opened not his mouth: he is brought as a lamb to the slaughter, and as a sheep before her shearers is dumb, so he openeth not his mouth.

8.

He was taken from prison and from judgment: and who shall declare his generation? for he was cut off out of the land of the living: for the transgression of my people was he stricken.

9.

And he made his grave with the wicked, and with the rich in his death; because he had done no violence, neither was any deceit in his mouth.

10.

Yet it pleased the Lord to bruise him; he hath put him to grief: when thou shalt make his soul an offering for sin, he shall see his seed, he shall prolong his days, and the pleasure of the Lord shall prosper in his hand.

11.

He shall see of the travail of his soul, and shall be satisfied: by his knowledge shall my righteous servant justify many; for he shall bear their iniquities.

12.

Therefore will I divide him a portion with the great, and he shall divide the spoil with the strong; because he hath poured out his soul unto death: and he was numbered with the transgressors; and he bare the sin of many, and made intercession for the transgressors.